Jedes Land hat seine eigene Poesie. Hat jedes Land auch seine eigenen Liebesgeschichten? In der Poesie wie in der Liebe teilt sich neben der individuellen Empfindung auch das historische und kulturelle Umfeld der Beteiligten mit.

Die Geschicke der in diesem Band versammelten Liebespaare sind nicht immer so eng mit der irischen Geschichte verknüpft wie bei Charles Stewart Parnell und seiner tragischen Verbindung zu Kitty O'Shea oder bei dem Freiheitskämpfer Robert Emmet und seiner todgeweihten Liebe zu Sarah Curran. William Butler Yeats liebte Maud Gonne, Inkarnation keltischer Mythen und Legenden, Irlands Jeanne d'Arc. Jonathan Swift hatte zum Land seiner Herkunft ein ebenso kompliziertes Verhältnis wie zu den Frauen. Oscar Wilde scheiterte an der viktorianischen Moral, die in Irland nicht minder bigott war als in England. Und James Joyce schließlich nahm Irland, verkörpert in Nora Barnacle, mit ins Exil und verwandelte sie in Weltliteratur.

insel taschenbuch 1712
Gudrun Boch
# Wo immer Du bist wird mir Irland sein

*Gudrun Boch*

# *Wo immer Du bist wird mir Irland sein*

Irische Liebespaare

Insel Verlag

insel taschenbuch 1712
Erste Auflage 1996

Hinweise zu dieser Ausgabe am Schluß des Bandes
Vertrieb durch den Suhrkamp Taschenbuch Verlag
Umschlag nach Entwürfen von Willy Fleckhaus
Satz: Hümmer GmbH, Waldbüttelbrunn
Druck: Nomos Verlagsgesellschaft, Baden-Baden
Printed in Germany

1 2 3 4 5 6 – 01 00 99 98 97 96

# *Inhalt*

## *Vorwort*

So gerne die Welt Liebesgeschichten liest, so wenig ist sie bereit, im wirklichen Leben die Irr-, Ab-, Sonder- und Geheimwege der Liebe zu tolerieren.

Im wirklichen Leben ist den Geliebten der hier erzählten Geschichten viel mehr Kritik als Sympathie entgegengebracht worden. Swifts Vanessa galt als hysterisch, Maud Gonne als übertrieben theatralisch, Nora als gänzlich unpassend für das Genie Joyce; Sarah Curran, Katharine O'Shea und Lord Alfred Douglas wurden für ihren jeweiligen Partner zum Verhängnis.

Die beiden größten Iren der neueren Zeit – Swift und Parnell – hätten ihr Leben wegen Frauen zerstört, klagte einmal James Joyce und merkte kritisch an, daß ihre Art der Liebe auch nicht die irische Art gewesen sei. Joyce impliziert, daß es eine irische Art der Liebe gibt, erklärt aber nicht, was er darunter versteht. Meinte er die Art der Liebe, wie er sie in seiner stürmischen Beziehung zu Nora lebte?

James Joyce hatte Glück. Das bedingungslose »Ja«, das Nora Barnacle im Juni 1904 ihm, dem jungen, mittellosen Schriftsteller gab, nahm ein besseres Ende als das »Ja« der übrigen Protagonistinnen dieses Bandes. Wer liebt sagt ja, ohne zu wissen, wohin es führt. Die meisten Liebesgeschichten, die hier versammelt sind, gehen nicht gut aus. Das ist nichts spezifisch Irisches, sondern ein Merkmal fast aller Liebesgeschichten, von denen die Welt Notiz nimmt. Irisch an diesen Geschichten ist, daß die irische Herkunft und die Beziehung zu Irland – sei es Liebe oder Haß, oder beides – sich entscheidend auf das Schicksal ihrer Protagonisten auswirkte.

Wer sich mit Irland, seiner Geschichte und Literatur befaßt, der begegnet irgendwann dem skandalumwitterten

Namen Kitty O'Shea, der trifft auf verworrene Gerüchte um Jonathan Swift und seine Frauenbeziehungen, der hört von einer tragischen Liebe des Freiheitskämpfers Robert Emmet und von den Liebesbeziehungen der großen irischen Dichter Yeats, Wilde und Joyce sowieso. Alle diese Geschichten sind irgendwann in Liedern besungen, auf der Bühne gespielt, in Romanen erzählt und auf der Filmleinwand dargestellt worden. Sie zusammenzutragen und auf der Basis authentischer Zeugnisse und Biographien wiederzugeben, ist die Absicht dieses Bandes.

Der Weg zur irischen Geschichte und Literatur kann auch über das private Weltereignis der Liebe führen.

G. B.

# *Etwas, das uns treibt*

Jonathan Swift und Esther Vanhomrigh (Vanessa)

Das hatte er nicht gewollt. Die Dinnereinladungen waren ihm recht und billig gewesen, die bestickten Tabaksbeutel und feinen Taschentücher von Gräfinnen und Herzoginnen hatte er sich auch gefallen lassen, dabei selbstverständlich aber auf substantiellere Anerkennung für seine jahrelange Arbeit an vorderster Front der Tory-Politik gehofft – am liebsten ein Bischofssitz in England, vielleicht das Amt des Präbendars von Windsor, mindestens aber die Stelle des Nationalhistoriographen. Hatte er gegen die korrupten Whigs und den schnöden Kriegsgewinnler Marlborough polemisiert, sich im »Examiner« die Finger wund geschrieben, seine große Streitschrift »Das Verhalten der Verbündeten« verfaßt, die zum Friedensvertrag von Utrecht geführt hatte, um jetzt in das verfluchte Irland abgeschoben zu werden? Dekan von St. Patrick in Dublin! Unerträglich der Gedanke an den Kleingeist des irischen Klerus, an die Armut auf der Insel, an den Dreck! Wenn schon Irland, dann würde er in seine alte Pfarre nach Laracor zurückgehen, würde da sein Haus besorgen, die Weidenbäume schneiden, die Zäune befestigen, reiten, angeln, und sich in Dublin so wenig aufhalten wie irgend möglich.

Er kann das Amt des Dekans von St. Patrick natürlich nicht ausschlagen. Etwas Besseres bekommt er nicht, und in England zu bleiben, jetzt wo die Tories in die Flucht geschlagen sind, ist gefährlich. Zurück also nach Irland.

Und zurück zu Stella. Freut er sich nicht wenigstens auf sie? Nein, er mag es sich selber kaum eingestehen, aber es ist so, er freut sich nicht auf Stella. Fast drei Jahre lang hat er sie jetzt nicht gesehen, aber fast täglich hat er ihr geschrieben, manchmal zwei Briefe an einem Tag. Er wollte sie teilhaben lassen an seinem aufregenden Leben hier in London, wollte sich auch so manche von Stolz, Verachtung oder Enttäuschung aufgestauten Gefühle von der Seele schreiben, es sollte so eine Art Chronik der laufenden Ereignisse werden, und da er sich beim Schreiben Stellas Reaktionen so lebhaft vorstellte, war sie ihm in seiner Phantasie so nahe, wie sie ihm leibhaftig niemals nahe sein konnte. Es sind jetzt dreizehn Jahre her, seit er sie nach Irland holte, und sie ist inzwischen irischer geworden als die Iren selbst. Alle mochten sie sofort, als sie damals mit Dingley, ihrer ein wenig verschrobenen Gesellschaftsdame ankam, so jung, so neugierig, so freundlich. Sie war als Kind, während er als Sekretär im Dienst des englischen Diplomaten Sir William Temple gestanden hatte, seine Schülerin gewesen. Arme Stella, er hatte sie aufgefordert nach Irland zu kommen, hatte dafür gesorgt, daß sie und Rebecca Dingley anständig untergebracht waren, hatte die beiden täglich besucht, sie mit seinen Amtsbrüdern bekannt gemacht. Wahrscheinlich hatte Stella aber doch mehr erwartet. Reverend William Tisdall, ein junger Vikar, wollte sie heiraten. Das hatte ihm überhaupt nicht gepaßt. Dieser Flachkopf Tisdall mit seinen Schweißfüßen verdiente eine so hübsche und intelligente Frau wie Stella nicht. Gott sei Dank gab sie ihm dann ja auch den Laufpaß. Tat sie es, weil sie seinen Antrag erwartete? Hätte er Stella heiraten sollen, hätte er sie heiraten können, unbedarft und unzufrieden wie er damals war?

Jetzt ist sie fast dreiunddreißig. Ziemlich alt für eine Ehe. Nein, Stella ist nicht seine Braut, Stella ist seine Freundin: eine gute, eine wichtige Freundin! Was für einen Spaß hatte er mit diesen Briefen, die sie sich in den vergangenen Jahren seiner Beinahe-Karriere in London geschrieben haben. Er hat die beiden Frauen immer zusammen angeredet, Stella und Dingley, damit Stella sich nichts einbildete, wenn er vielleicht zu vertraulich daherschwafelte über Gott und die Welt und natürlich vor allem über sich selbst. Am liebsten hat er im Bett geschrieben, dann floß ihm, wenn ihm so kalt war, auch schon mal eine riskante Formulierung in die Feder: »Ich wünschte, meine kalten Hände wären am wärmsten Ort, den Ihr anzubieten habt, junge Frauen.« Die beiden wissen sehr wohl, daß seine Hände nie irgendwo waren, wo sie nicht hingehörten, er war ja nie mit Stella auch nur eine Sekunde allein gewesen. Nein, Stella weiß Bescheid. Auch wenn er jetzt zurückkommt. Stella ist nicht das Problem.

Das Problem ist Hessy.

Wie sehr ist ihm dieses junge Ding ans Herz gewachsen! Sie hatte ihm sofort gefallen, gleich als sie sich das erste Mal begegneten. Damals, im Dezember 1707 im Gasthof von Dunstable. Sie trafen sich zufällig. Er war auf dem Weg nach London und sie mit ihrer Mutter und ihren Geschwistern ebenfalls. Mrs. Vanhomrigh, Witwe des früheren Dubliner Lord Mayors Bartholomew Vanhomrigh, verlegte ihren Wohnsitz von Dublin nach London. Sie saßen in Dunstable um den Kamin herum, und Hessy erzählte irgendeine komische Geschichte und fuchtelte wild mit den Armen herum, und plötzlich flog ihr die Tasse aus der Hand, und der Kaffee ergoß sich über den ganzen Kamin. Er konnte kaum glauben, daß sie schon neunzehn war. Sie sah so jung aus und benahm sich so unbefangen wie ein Kind. Später haben sie sich oft an die kleine Episode in Dunstable erinnert, wenn sie in ihrem »Studierzimmer« in Mrs. Vanhomrighs Haus in St. James's saßen und Kaffee tranken und herumalberten. Was waren das für herrliche Stunden! Wie wohl war ihm, wenn er von seinen politischen Geschäften bei Hof zurückkam, wo ihn diese albernen Lakaien mit ihren Wichtigtuereien genervt hatten. Wie wohl war ihm, wenn er die Staatsrobe und seine gute Perücke, die er bei den Vanhomrighs verwahrte, wenn er sie ablegen und nach dem Essen sich mit Hessy zurückziehen konnte.

Sie haben Karten gespielt, und er hat ihr ordentliche Rechtschreibung beigebracht, sie haben sich Geschichten erzählt – Hessy kann so herrlich die geschwollene Sprache der Lords und das affektierte Getue der Ladies imitieren – und sie haben tausenderlei Wortspiele erfunden. Sie haben soviel gelacht und Kaffee getrunken, Orangen und Zuckerpflaumen gegessen. Oft waren auch Molkin, die kleine Schwester, oder Gilbert und Bartholomew, die beiden Bengel, dabei. Aber eigentlich waren es immer nur Hessy und er. Er fühlte das und es beängstigte ihn. Irgendwann fiel es auch den anderen auf. Mrs. Vanhomrigh (Friede ihrer Seele) war mißtrauisch. Er spürte sehr genau, daß sie ihn entweder als Schwiegersohn oder nicht mehr so häufig bei Hessy sehen wollte. Deshalb hat er dann angefangen, Hessy außerhalb des Hauses zu treffen. Meistens bei John Barber, dem Verleger. In seiner Bücherstube konnten sie ungestört und unauffällig zusammensein. Die Brüder oder auch Molly kamen meistens mit und verkrümelten sich irgendwohin.

Durch ihn hat Hessy begonnen, sich ernsthaft für Literatur und Politik zu interessieren und wollte, daß er sie einmal mitnähme in Will's oder Button's Coffeehouse, damit sie die Schriftsteller des Scriblerus Clubs Pope, Gay, Addison und Thomas Parnell kennenlernen könne. Sie wollte sich als Mann verkleiden. Er könne sie doch, meinte sie ganz keck, als Bartholomew Vanhomrigh vorstellen. Darauf hatte er sich natürlich nicht eingelassen. Sie war mitunter völlig unberechenbar, so, als sie ihm spontan und ohne jegliche Begleitung einmal nach Berkshire nachgereist war. Es hatte ihn zuerst ungemein empört, doch dann waren es wundervolle Tage gewesen.

Hessy hat sich im vergangenen Jahr sehr verändert. Seit dem Tod ihrer Mutter hat sie sich von ihm viel zu abhängig

*Jonathan Swift*

*Esther Vanhomrigh (»Vanessa«)*

gemacht. Er hat das nicht gewollt! Manchmal hat er spaßeshalber gesagt, er würde sie mitnehmen nach Irland. Aber erstens wollte er gar nicht dahin zurück und zweitens hatte er es auch nicht gemeint. Jetzt bedrängt sie ihn richtig, er solle sie mitnehmen. Aber das kann er Stella nicht antun. Will er auch nicht. Stella gehört zu Irland und Hessy zu London. Er wird ihr das sagen, soll sie sich hier mit ihren Herzoginnen und Herzögen arrangieren. Arme Hessy! Er will noch etwas für sie schreiben. Ein Gedicht vielleicht. Überhaupt wird er sie von nun an ›Vanessa‹ nennen, ein schöner Name, er hat ihn aus Hessy – Esther – Vanhomrigh zusammengesetzt. Auch Stella hat ihren Namen von ihm bekommen. Eigentlich heißt sie Esther Johnson. In Irland nennen die Leute sie Mrs. Johnson. Fürchterlich!

Während Swift noch über ›Vanessa‹ nachdenkt, beginnt er bereits von den grünen Wiesen in Laracor zu träumen.

Im Frühjahr 1713 legt Jonathan Swift den Eid für das Amt des Dekans von St. Patrick ab. Er hat dann noch eine Weile in London zu tun, versucht, zwischen den zerstrittenen Tory-Führern Oxford und Bolingbroke zu vermitteln, doch umsonst. Königin Anna stirbt, die Whigs kehren an die Regierung zurück, Swift hat in England nichts mehr zu suchen. Noch bevor er nach Dublin reist, um sein dortiges Amt anzutreten, schreibt er für Hessy das Gedicht »Cadenus und Vanessa«, eine Allegorie ihrer Beziehung, eine Huldigung an Hessy und nur für ihre Augen bestimmt. In dem Gedicht ist Vanessa eine Kunstfigur von vollkommener Schönheit und überragendem Geist. Die Götter haben dieses edle Wesen erschaffen, um zu prüfen, ob die irdischen Männer einer solchen Idealfrau würdig sind. Sie sind es nicht. Es zeigt sich, daß sie sich nicht im geringsten für ein so perfektes weibliches Geschöpf interessieren, das seinerseits allerdings auch für diese potentiellen Liebhaber nichts übrig hat.

Nur einer findet Vanessas Aufmerksamkeit und Liebe, einer, der am wenigsten damit gerechnet hat: Cadenus (= Dekanus = Swift). Cadenus ist doppelt so alt wie die bildhübsche Vanessa, halb blind und krank vor lauter Gelehrsamkeit und hatte, wie er behauptet, sich nur für den klugen Kopf des göttlichen Geschöpfes interessiert, keineswegs jedoch für sein Herz und seine schöne Gestalt. Vanessa aber verliebt sich während des Unterrichts, den er ihr erteilt, in den alten Bücherwurm und begehrt nun ihrerseits, ihn zu unterweisen, ihm die Kunst der irdischen Liebe beizubringen.

Swift läßt das Gedicht genial enden. Er läßt offen, ob es Vanessa gelingt, Cadenus in die Niederungen der fleischlichen Lust zu führen, »ob von Erfolg Vanessa war, ist der Welt nicht offenbar ...«. Dieses offene Ende gefällt Swift selbst ganz außerordentlich, weil es das Fünkchen Erotik, das immer zu seiner Beziehung mit Vanessa gehörte, am Glühen hält.

Als Cadenus hat er sich in dem Gedicht natürlich selbst karikiert, zumindest überzeichnet, denn mit vierundvierzig Jahren fühlt Swift sich weder alt noch zur Liebe untauglich (ob und wie er sie praktiziert, geht niemanden etwas an). Nur seine Krankheit, die macht ihm natürlich zu schaffen. Keiner weiß, was es ist. Die Ärzte raten ihm mal dies und mal das gegen die Schwindelanfälle, die zeitweilige Taubheit und die fürchterlichen Kopfschmerzen. Er selbst führt das Problem auf seine frühere Ernährung zurück. Er erinnert sich, wie er als Zwanzigjähriger bei Sir William Temple in Moor Park einmal pfundweise Kirschen gegessen hatte, und damals war ihm zum erstenmal schwindelig geworden. Seither versucht er das Leiden in Schach zu halten, indem er mäßig ißt, nicht zuviel trinkt und sich viel an der frischen Luft bewegt. Nur im äußersten Notfall nimmt er eine Kutsche, er läuft oder reitet, wann immer er kann. In London ist er auch gern in der Themse schwimmen gegangen. Leider hat Patrick, dieser Schlingel von einem Diener, ihm das Vergnügen manchmal vermasselt, wenn er ihm die Kleider versteckte oder durch laute Pfiffe auf die heimlichen Wasserfreuden seines Herrn aufmerksam machte.

Das ist jetzt alles vorbei. Jetzt ist er zurück in Irland. Es geht ihm schlecht, Dublin ist so abscheulich, wie er befürchtet hatte. Er sucht Zuflucht in seiner früheren Pfarre im nahegelegenen Laracor, schneidet dort seine Weiden, pflanzt Apfelbäume, angelt in der Boyne. Stella hat er überhaupt noch nicht besucht, und Vanessa schreibt er, daß sie ihn am besten vergessen sollte.

Wie kann Vanessa ihn vergessen? Swift ist der einzige Mann, der für sie zählt. Sie hat gelernt, mit seinen Augen zu sehen, mit seinen Maßstäben zu messen. Die Gesellschaft um sie herum ist fad, langweilig und dumm. Auch finanziell kann sie mit den Herrschaften hier in London nicht mehr mithalten. Ihre Mutter hat viel zu verschwenderisch gelebt, und der Vermögensverwalter kommt mit den komplizierten Besitzverhältnissen ihrer Familie nicht klar, das Bargeld reicht nicht für dieses aufwendige Londoner Leben. Wenn Swift doch nur helfen würde! Auf ihre beiden Brüder ist überhaupt kein Verlaß: Gilbert ist krank und Bartholomew nach Frankreich gegangen. Was sollen Molkin (Swifts Scherzname für ihre Schwester Mary) und sie nur tun? Das beste, sie gehen auch nach Irland zurück. Von ihrem Vater hat sie ein Haus in Dublin geerbt und einen schönen Landsitz in Celbridge in der Nähe von Dublin. Swift hat geschrieben, sie solle in England bleiben. Wenn sie gegen seinen Rat käme, würde er sie in Dublin nicht sehen können. In Irland sei man so engstirnig und kleinkariert, da könne er unmöglich bei einer jungen, unverheirateten Frau Besuche machen. Es kann sein Ernst nicht sein. Hat er ihr nicht immer wieder geraten, ihrem eigenen Empfinden zu folgen und nicht danach zu fragen, was die Welt denkt? Sie wird nach Irland zurückgehen. Einsamer und unglücklicher als in London kann sie dort unmöglich sein.

Im November 1714 zieht Esther Vanhomrigh mit ihrer Schwester Mary in das väterliche Haus in der Turnstile Alley in Dublin. Swift macht seine Androhung wahr. Er hat inzwischen seinen Groll über die ungerechte Abschiebung nach Irland überwunden, ist aus Laracor nach Dublin gekommen, hat sich in der Dekanei eingerichtet, hat Freunde gefunden und vor allem eine Menge Aufgaben. Dieses elende Land, in dem er geboren und erzogen wurde, dem er so gern den Rücken gekehrt hätte, um im Land seiner Vorväter tätig zu sein, dieses Irland ist so abscheulich, weil es von den englischen Machthabern abscheulich ausgebeutet und verwaltet wird und die irischen Büttel der britischen Regierung Schwachköpfe und Feiglinge sind. Es gibt für einen Dekan, der Einfluß nehmen will, viel zu tun. Stella und Dingley wohnen in der Capel Street, nicht weit entfernt von der Dekanei. Er hat sie ein paar Wochen nach seiner Rückkehr aus England – damals fühlte er sich ziemlich krank – dann doch wieder besucht und ist jetzt mit ihnen zusammen, so oft es seine Zeit erlaubt. Natürlich immer zu den alten Bedingungen. Stella tut ihm gut. Sie bewundert ihn und läßt ihn im übrigen in Ruhe. Bei Stella und Dingley hat er mehr Nestwärme als die meisten Männer in ihren Ehen. Gottlob ist auch Stella mit diesem Arrangement zufrieden. So scheint es jedenfalls. Es müßte ihr ja auch klar sein, daß sie besser dran ist als die Frauen, die jedes Jahr ein Kind gebären und nie dazu kommen, sich sinnvoll zu beschäftigen. Genau das tut Stella. Sie liest, schreibt ihm Briefe, hier und da auch mal ein Gedicht. Swift ist zufrieden – bis Vanessa tatsächlich ihre Drohung wahr macht und nach Irland kommt. Er hatte gehofft, genug Autorität über sie zu besitzen, um sie davon abzuhalten. Jetzt ist sie da, und er wird sein Wort halten und sie nicht sehen. Auf gar keinen Fall darf Stella von ihr erfahren. Capel Street und Turnstile Alley liegen gefährlich nah beieinander.

Ende des Jahres 1714 schickt Vanessa Swift einen Brief, in dem sie schildert, wie fremd und hilflos sie sich in Dublin fühlt. Sie fleht: »Ich erbitte von Dir ja nur, wenn es schon nicht anders sein kann, daß Du wenigstens jenen nachsichtigen Freund spielst, der Du mir einmal warst.«

Vanessa gibt sich große Mühe mit ihren Briefen an Swift. Es ist nicht leicht, den richtigen Ton zu finden. Er hat sie zu äußerster Diskretion in ihrer Ausdrucksweise ermahnt. Seine Post würde geöffnet werden, hat er gesagt, man könne hier in diesem verteufelten Land, in dem hauptsächlich Narren wohnten, sowieso niemandem trauen. Folglich appelliert sie an nichts anderes als an die frühere Freundschaft. Die Briefe, die sie ihm sendet, sind Abschriften ihrer Originalentwürfe, diese verwahrt sie bei sich (und wenn sie das nicht getan hätte, wäre mit Sicherheit keine Zeile von Vanessa erhalten. Swift hat alle Korrespondenz von ihr, auch die von Stella, vernichtet).

Swift erscheint nun doch bei ihr zu Hause in der Turnstile Alley, aber nur, um sie zurechtzuweisen. Daraufhin schreibt sie ihm, seine Worte hätten sie fast umgebracht, fast sei sie entschlossen gewesen, ihn nie wiederzusehen, aber »... es gibt etwas in der menschlichen Natur, was uns treibt, Befriedigung in dieser Welt zu suchen. Ich muß diesem Trieb nachgeben und Dich bitten, mich zu besuchen und freundlicher mit mir zu sprechen, denn ich bin sicher, daß Du niemanden dazu verdammen wirst, so zu leiden, wie ich gelitten habe. ...«

Auch in Swifts Natur gibt es etwas, das ihn treibt. Er

beginnt, Vanessa wieder regelmäßig zu sehen. Nicht in der Dekanei, natürlich, und auch nicht in ihrem Haus. Die Zusammenkünfte finden im Haus eines gewissen Mr. Thomas Kendall statt, von dem es nur zu sagen gibt, daß er ein äußerst diskreter Mensch war. Über den Dekan und die Frau, die ihn, oft zusammen mit ihrer Schwester, in seinem Haus traf – meistens zwischen frühem Nachmittag und Abend oder morgens von zehn bis eins – hat er kein Wort verloren. Einmal wöchentlich sind Swift und Vanessa für etliche Stunden zusammen. Viel Zeit für einen Dekan, der sich neben seinem kirchlichen Amt noch sehr viele andere Aufgaben gesetzt hat. Vergnügen die beiden sich wieder mit Kaffee, Orangen und Zuckerpflaumen wie damals im »Studierzimmer«?

Aus den Jahren 1714 bis 1718 gibt es keine Briefe. Cadenus und Vanessa haben ihr seltsames Liebesspiel wieder aufgenommen.

»Cadenus versichert mir, daß er Dich immer noch über alles ehrt und liebt und schätzt und gleichzeitig ermahnt, Dich und ihn nicht unglücklich zu machen durch irgendwelche Phantasien. ... Ohne Gesundheit wirst Du jeden Wunsch verlieren, Deinen Kaffee zu trinken. ... Ich habe keinen getrunken, seit ich Dich verließ, und beabsichtige auch nicht, es zu tun, bis ich Dich wiedersehe. Es gibt keinen, der es wert wäre getrunken zu werden, außer Deinem«, schreibt Swift im Juli 1722 an Vanessa. Es ist einer der vielen Briefe, in denen auf merkwürdige Weise vom Kaffeetrinken die Rede ist, als ob es sich dabei um eine Geheimchiffre handelte. An anderer Stelle schreibt er:

»Ich wünschte, ich könnte fünfzig Mal mit Dir durch Deinen Garten wandeln und dann – Deinen Kaffee trinken«, und wieder ein anderes Mal:

»Die beste Maxime, die ich in diesem Leben kenne, ist, Deinen Kaffee zu trinken, wann immer Du kannst, und wenn Du es nicht kannst, Dich leichten Herzens damit abzufinden. Soweit fühle ich mit Dir, und im übrigen bin ich nicht in der Verfassung, jetzt mehr zu schreiben, denn ich glaube, Kaffee einmal in der Woche ist absolut nötig dafür.«

Die Korrespondenz aus den Jahren 1718 bis 1723 spiegelt das spannungsreiche Verhältnis zwischen einer emotional abhängigen Frau und einem Mann, der sich ihr durch schale Tröstungen und unsensible Ratschläge zu entziehen versucht.

In einem Brief droht Vanessa an: »Ich rate Dir, wenn Dir an Deiner Ruhe gelegen ist, so ändere Dein Benehmen rasch, denn ich versichere, daß ich zuviel Geist besitze, um bei dieser Behandlung ruhig zu bleiben. Da ich Offenheit liebe, sage ich Dir hiermit, daß ich beschlossen habe, Dich mit allen menschlichen Mitteln zurückzugewinnen, und wenn diese versagen, dann bin ich festen Willens, zu der schwarzen Kunst Zuflucht zu nehmen.«

Im Jahr 1720 zieht Vanessa mit ihrer Schwester nach Celbridge Abbey, zehn Meilen westlich von Dublin. Molkin ist an Schwindsucht erkrankt, und Vanessa glaubt, daß die Landluft der kranken Schwester helfen könnte. Swift, der mit Krankheit und Tod nicht umgehen kann, bleibt oft monatelang fern, und Vanessa ist verzweifelt. »Wenn Du melancholisch bist, lies zerstreuende Bücher«, schreibt Swift; oder: »Ich wünschte, Du würdest Dir ein Pferd kaufen und die Nachbarn besuchen«, und dann wieder: »Ich beschwöre Dich zu lesen und hinauszugehen und weniger romantisch zu sein und Dich zu benehmen wie ein Mann dieser Welt.«

Vanessa antwortet: »Es steht nicht in meiner Macht die unaussprechliche Leidenschaft zu mindern, die ich für Dich habe. Leg meine Leidenschaft in Ketten, schick mich ans äußerste Ende der Welt. Du kannst niemals die betörenden Gedanken bannen, die mir bleiben, solange ich ein Gedächtnis habe. Meine Liebe zu Dir ruht nicht nur in meiner Seele;

es gibt kein einziges Atom in meinem Körper, das nicht von ihr durchdrungen ist.«

Sie fleht, droht, klagt, beschwört – umsonst. Swift entzieht sich ihr immer mehr, und Vanessa erreicht das Gerücht – in Dublin kursiert es seit einigen Jahren –, Swift hätte geheiratet, eine Frau, die er schon lange kenne. Ein gewisser Earl von Orrery hat es erzählt. Vanessa ist außer sich, aber sie fürchtet sich auch, Swift direkt nach der Wahrheit zu fragen. Sie weiß, wie aufbrausend er ist, wenn ihm etwas nicht paßt, wie vernichtend er reagieren kann. Deshalb beschließt sie, schriftlich bei der betreffenden Frau – es ist Stella – um Aufklärung zu bitten. Statt einer Antwort erscheint Swift bei ihr. Blaß vor Zorn und Erregung wirft er, ohne ein Wort zu sagen, einen Brief auf den Tisch, Vanessas Brief an Stella, dreht sich auf den Fersen um, schlägt die Tür hinter sich zu und verschwindet. Vanessa erleidet einen Schock, und einige Wochen später, Anfang Juni 1723, ist sie tot. Ihre Bekanntschaft mit Swift hat sechzehn Jahre gedauert. Als sie ihn im Gasthof von Dunstable kennenlernte, war sie neunzehn, als sie stirbt, ist sie fünfunddreißig Jahre alt.

So könnte es gewesen sein. Der einzige Hinweis auf ein endgültiges Zerwürfnis zwischen Swift und Vanessa ist Vanessas Testament vom Mai 1723. Swift, der Mann, der ihr näherstand als irgendein anderer Mensch, ist darin mit keinem Wort erwähnt. Vanessa vermacht die Hälfte ihres Vermögens einem Rechtsanwalt, Robert Marshall, den sie anweist, ihre Briefe zusammen mit Swifts Gedicht »Cadenus und Vanessa« zu veröffentlichen; der zweite Erbe ist der Philosoph George Berkeley, ein von Swift geschätzter Mann, der seine Gönnerin jedoch persönlich nie kennengelernt hatte.

Das Gedicht »Cadenus und Vanessa« und einige wenige unverfängliche Briefe werden noch zu Swifts Lebzeiten veröffentlicht und dienen seinen Feinden dazu, den Ruf des Mannes zu schädigen, der es mit seinen bitterbösen Schriften gegen die englische Politik in Irland zu hohem Ansehen und großer Verehrung bei den Iren gebracht hat.

Der größte Teil von Vanessas Briefen bleibt unter Verschluß. Robert Marshall ist ihrem testamentarischen Wunsch nicht voll nachgekommen, aus Rücksicht auf Swift. Erst 1921, zweihundert Jahre später, ist die erhaltene Korrespondenz zwischen Swift und Vanessa – ein paar Dutzend Briefe – wieder aufgetaucht und veröffentlicht worden.

Celbridge Abbey im Juli 1993. Hier auf Vanessas letztem Wohnsitz findet in diesem Sommer das alljährliche internationale Swift-Symposium statt. Das Motto lautet diesmal: »Swift und die Ladies«. Das Programm verzeichnet die Referate: »Swifts Briefe an Stella«, »Swift und Pope über die Frauen«, »Stellas Bücher«, »Über Swifts Gedicht ›Junge Nymphe, die zu Bett geht‹«, »Die Lektüre von ›Cadenus und Vanessa‹«, und so weiter. Zur Debatte stehen Texte, die Swift an und über Frauen geschrieben hat, nicht zur Debatte steht, welche Rolle die Frauen im Leben des Dekans von St. Patrick gespielt haben. Wer also gehofft hatte, daß hier ein wenig Licht in das Dunkel von Swifts Beziehung zu Stella und Vanessa geworfen werde, wurde enttäuscht und mußte all die oft gestellten, offenen Fragen unbeantwortet wieder mit nach Hause nehmen. Was war denn an dem Gerücht, daß Swift und Stella im Jahr 1716 heimlich getraut worden seien, auf Stellas Drängen hin, nachdem sie von der Existenz einer Nebenbuhlerin erfahren und mit Eifersucht reagiert habe? Warum glaubten alle frühen Biographen, die Swift noch gut gekannt hatten, wie sein Freund Thomas Sheridan oder Dr. Delany oder sein Neffe Deane Swift, an diese vermeintliche, unbezeugte Eheschließung, die sowohl Rebecca Dingley als auch Swifts Haushälterin strikt verneinten? – Und was hatte es auf sich mit dem Gerücht, daß Stella die uneheliche Tochter von Sir William Temple gewesen sei und Swift sein unehelicher Sohn (oder möglicherweise auch der Sohn von Temples Vater, Sir John Temple), Swift und Stella jedenfalls eng verwandt miteinander gewesen seien und deshalb nicht heiraten konnten? Swift habe dieses für ihn so schreckliche und bittere Familiengeheimnis nur seinem Freund, dem Erzbischof King, anvertraut, sonst keiner Menschenseele, nicht einmal Stella. – Und die Preisfrage, wer war Bryan M'Loghlin, das Kind, das Stella zwei Jahre vor ihrem Tod zu sich nahm, dem sie eine beträchtliche Geldsumme hinterließ (mehr als ihrer Lebensgefährtin Rebecca Dingley), ein Junge, der seine Gönnerin aber selbst nur um zwei Jahre überlebte? War es tatsächlich, wie die Historikerin Sybil le Brocquy anhand von Testamenten, Kirchenbucheintragungen und der erhaltenen Swift-Vanessa-Korrespondenz belegen zu können meint, ein Sohn, den Swift und Vanessa miteinander hatten, das Kind dieser verschwiegenen Liebesbeziehung, das in dem Haus, in dem seine Eltern sich einmal wöchentlich zum »Kaffeetrinken« trafen, aufwuchs und dann, ein paar Jahre nach dem Tod der Rivalin, von Stella sozusagen adoptiert wurde? – Und die Haarlocke, die in Swifts Nachlaß gefunden wurde, stammte sie etwa von diesem Kind? Nein, das wohl nicht, denn Swift hatte dem Haar einen Zettel beigelegt mit der Aufschrift: »Nur das Haar einer Frau«. Aber welcher Frau? Stella? Vanessa? Und was drückt sein Beiwort aus – Trauer, demutsvolles Andenken oder Selbstironie und Abwertung?

Fragen über Fragen. Wenn Swift wirklich die von den Zeitgenossen und allen nachkommenden Biographen als verständnisvoll, klug, kameradschaftlich und vollkommen liebenswert gelobte Stella lieber mochte als die drängende, als eitel und anmaßend bezeichnete Vanessa (der Earl von

Orrery fand sie abscheulich, obgleich er die Herrin von Celbridge nie getroffen hatte), wenn Swift also Stella ganz klar den Vorrang gab, warum kümmerte er sich so wenig um sie, als sie mit Mitte vierzig so krank wurde, daß ihr Tod abzusehen war? Er holte sie nicht in die Dekanei, wie sie gewünscht hatte, er war auch in ihrer Todesstunde nicht bei ihr, sondern saß mit Freunden zusammen. Doch als ihm die Nachricht überbracht wurde, ging er in seine Kammer und schrieb: »Heute, Sonntag, den 28. Januar 1728, gegen acht Uhr abends brachte mir ein Bediensteter einen Brief mit der Mitteilung vom Tod der treuesten, tugendhaftesten und wertvollsten Freundin, mit der ich oder vielleicht irgend jemand sonst gesegnet worden war.« Sind diese Zeilen vielleicht ein Beweis dafür, daß Stella ihm die liebste war? Sicher hatte er mit ihr mehr Zeit verbracht als mit irgend jemandem sonst, aber auch von der jungen Hessy hatte er in Superlativen gesprochen.

Das Referat über »Cadenus und Vanessa«, Swifts Gedicht für die in London zurückgelassene Esther Vanhomrigh, beschreibt Aufbau und Struktur des Werks, erklärt die klassischen Anspielungen, auf die Swift sich glänzend verstand, und erläutert den literaturgeschichtlichen Kontext. Aber, wie das Gedicht eine eindeutige Aussage über die Beziehung von Cadenus und Vanessa verweigert, so weigert sich auch der Referent, auf Swifts wirkliche Beziehung zu der Herrin von Celbridge einzugehen, das verbietet der wissenschaftliche Diskurs.

Während der Kaffeepausen lassen die Referenten und die Besucher des Symposiums sich durch Vanessas Garten führen. Hier, direkt am Ufer der Liffey, die durch den Park von Celbridge Abbey fließt, stand die Laube, in der Swift ihr die ersten Kapitel seines Buches *Gullivers Reisen* vorlas. Durch diese Haine hier pflegten die beiden zu spazieren, und dort drüben pflanzte Vanessa nach jedem Besuch des geliebten

Mannes ein Lorbeerbäumchen. Idyllische Schauplätze einer tragischen Liebesgeschichte.

Es war doch eine Liebesgeschichte, oder? Die Experten lächeln. Nein, in Wirklichkeit hatte Swift nichts mit Frauen, keine Intimitäten außer den schriftlich in seinen Briefen geäußerten. Mag sein, daß er neurotisch gestört war. Dafür gab es Gründe: Der allzu frühe Vaterverlust, die Entführung durch eine Amme, die strenge Abrichtung des Kleinkindes auf Bibellektüre und extreme Reinlichkeit, die verfrühte Einschulung des Halbwaisen in ein Internat. Eigentlich war Swifts ganze Kindheit unglücklich verlaufen, und sein Erwachsenenleben wurde überschattet von dem enttäuschten Karrierewunsch einerseits und einer äußerst unangenehmen Krankheit andererseits. Dies alles beeinträchtigte sein Liebesleben, das er bewußt platonisch gestaltete. Die psychoanalytische Diagnose des Falles Swift, ödipale Störungen, analer Infantilismus, latente Homosexualität oder gar Impotenz, ist natürlich völlig überzogen. Swift verstehen heißt, sich an die Faktizität des Textes zu halten, an die Intentionen des Schriftstellers und an die verbürgten biographischen Tatsachen. Alles andere ist Spekulation und Wildwuchs der Phantasie.

So die Experten. Und wie steht es mit den literarischen Versuchen, sich der Wahrheit über Swift zu nähern? Geht es den Dichtern nicht immer und vornehmlich um die Leidenschaften des Jonathan Swift? Walter Scott, William Butler Yeats, Denis Johnston, Edith Sitwell und all die anderen, die Romane und Theaterstücke über den Dekan von St. Patrick geschrieben haben, haben sie nicht immer Partei ergriffen für die eine oder die andere der beiden Frauen und für Swift selber, den von widerstreitenden Gefühlen zerrissenen Mann? Gewiß, doch diese Geschichten sind allesamt der jeweiligen dichterischen Phantasie entsprungen. Was haben sie mit der Wahrheit zu tun?

Wahr ist, da sind die Experten sich alle einig, daß Swift die Frauen mochte. Er suchte ihre Gesellschaft, sie waren ihm angenehm, besonders wenn sie jung, hübsch und ledig waren. Das traf zweifellos auf beide zu, auf Stella und auf Vanessa. Aber von den beiden war Stella doch bei weitem die angenehmere, Stella paßte sich an, war gutmütig, diskret, vernünftig. Mit Vanessa war das eine andere Sache. Wahrscheinlich hatte Orrery recht, Vanessa war eigensinnig, fordernd, übte Druck aus und bildete sich ein, Swifts Geliebte zu sein. Wahrscheinlich hatte sie zu viele Bücher gelesen, ober die falschen. Die Briefe von Abelard und Heloïse sollen sie sehr beeindruckt haben. In heutiger Terminologie könnte man sagen, Vanessa war hysterisch. Gleichwohl muß sie eine reizvolle Person gewesen sein – äußerst reizvoll! Ein Schmunzeln geht über die Mienen der Swift-Gelehrten, ein Augenzwinkern – »noch eine Tasse Kaffee, Herr Kollege?«.

# *Teure Liebe*

## Robert Emmet und Sarah Curran

Der Kronanwalt Standish O'Crady konnte mit den beiden Briefen nicht viel anfangen. Man hatte sie im Rock des verhafteten jungen Emmet gefunden. Das Papier war vielfach gefaltet, die Schrift – eine Mädchen- oder Frauenhandschrift – stellenweise kaum zu lesen. Es gab weder eine Anrede noch eine Unterschrift, und die Mitteilungen ließen keine sicheren Rückschlüsse zu auf die Verbindung zwischen Absender und Empfänger. In dem längeren der beiden Briefe war von einem Gefühlskampf zwischen Pflicht und Neigung die Rede, von dem Wunsch, verstanden zu werden, von einer Despektierlichkeit den königlichen Soldaten gegenüber, dem Verlangen, den Empfänger des Schreibens in Sicherheit und seine Frau und zehn kleine Kinder wohlauf zu wissen. Dazu die Aufforderung, den Brief nach Erhalt zu verbrennen. Auch das zweite Schreiben, scheinbar hastig zu Papier gebracht, enthielt die Mahnung, keine Briefe zu verwahren und sprach von der Hoffnung, die Botin möge bald Nachricht vom Empfänger bringen. Standish O'Crady hatte keinen Zweifel, daß an diesen Zeilen etwas sehr Verdächtiges war, aber man konnte es nicht greifen. Ob sie von Emmets älterer Schwester stammten? Mary Anne Emmet war schon früher durch ihre Aktivitäten für die United Irishmen auffällig geworden. Wer immer sie geschrieben haben mochte, auf jeden Fall konnten die Briefe nicht bedeutungslos sein, schließlich war es das einzige, was der Mann bei seiner Verhaftung bei sich getragen hatte.

Als man Robert Emmet am 25. August 1803, einen Monat nach dem versuchten Aufstand, in einem Haus des Dubliner Stadtteils Harold's Cross festgenommen hatte, waren der Polizeichef und seine Leute nicht sicher, wen man ihnen da ins Netz getrieben hatte. Major Sirr war nur dem Hinweis gefolgt, daß sich im Haus einer gewissen Mrs. Palmer in Harold's Cross ein Mann aufhalte, der bei den Ereignissen vom 23. Juli eine wichtige Rolle gespielt habe. Als der Major mit seinen bewaffneten Männern in das Haus eingedrungen war, hatte er im vorderen Zimmer einen Mann angetroffen, der sich als Mr. Cunningham ausgab und behauptete, gerade erst nach Dublin gekommen zu sein; Mrs. Palmer, im hinteren Teil des Hauses nach der fremden Person befragt, gab an, es handele sich um Mr. Hewitt, der schon seit längerem bei ihr wohne. Der Mann mit den zwei Namen hatte inzwischen versucht, durch das Fenster zu entkommen, war von den Wachen zusammengeschlagen und ins Gefängnis von Kilmainham gebracht worden, wo der herbeigeholte Provost vom Trinity College ihn als Robert Emmet identifizierte, fünfundzwanzig Jahre alt, relegierter Trinity-Student, Sohn des kürzlich verstorbenen Dubliner Medizinalrats Dr. Emmet, Bruder des notorischen Thomas Addis Emmet, der, 1798 in den Aufstand der United Irishmen verwickelt, mehrere Jahre in Haft gewesen war und inzwischen im französischen Exil lebte.

Am Tag nach seiner Festnahme wurde Robert Emmet dem Kronanwalt und mehreren hohen Regierungsbeamten vorgeführt. Er möge sein verdächtiges Benehmen erklären, forderte Standish O'Crady den Verhafteten auf. Ruhig und höflich erwiderte Emmet, daß er keine Fragen beantworten werde. Und so hielt er es auch. Ob er sich in Frankreich aufgehalten habe, wann er zum erstenmal von dem Aufstand gehört habe, ob er die Regierungsproklamation der Aufständischen kenne, und so weiter. Je aufgebrachter der Anwalt fragte, desto ruhiger wiederholte Emmet seine Weigerung, irgendwelche Auskünfte zu geben. Bis Standish O'Crady auf die Briefe zu sprechen kam. In plötzlicher Erregung rief Emmet: »Was die Briefe betrifft, die Major Sirr in meinem Besitz gefunden hat – was kann ich tun, um zu verhindern, daß sie vorgebracht werden?« Der Kronanwalt tat verwundert, und Emmet ließ eine Reihe konfuser Erklärungen folgen, warum er die Briefe bei sich getragen habe. Sie seien ihm zur Aufbewahrung anvertraut worden, sagte er, sie seien schon mehrere Jahre alt, er habe sie ganz zufällig bei sich gehabt, es sei nichts weiter als eine kleine Sentimentalität, und er schloß seine verworrenen und widersprüchlichen Begründungen mit der erneuten Frage, was er tun könne, um zu verhindern, daß die Briefe vor Gericht erwähnt würden. Lieber wolle er sein Leben geben, als zulassen, daß eine Unbeteiligte zu Schaden käme.

Das habe man auch nicht anders von ihm erwartet, bemerkte der Kronanwalt zynisch und voller Genugtuung. Hier also war die Achillesferse des Verhafteten. Er solle die Namen derer nennen, die am 23. Juli am Aufstand beteiligt gewesen waren, er solle sagen, wo die Waffenlager seien und ob es weitere Verschwörungen gäbe. Emmet ging darauf nicht ein. Seine Gedanken waren noch ganz bei den Briefen, und er appellierte an die Ehre seiner Verhörer, die ihnen verbieten müsse, eine unschuldige und unwissende Frau in eine Sache hineinzuziehen, die einzig und allein ihn anginge. Das Verhör wurde vorläufig abgebrochen und Emmet in seine Zelle abgeführt.

Robert Emmet gab sich keinen Illusionen hin, der Aufstand war gescheitert und er würde hingerichtet werden. Dieses Risiko war ihm immer bewußt gewesen. Er hatte sein Leben riskiert, aber niemals das Leben von Sarah. Er mußte Sarah schützen. Um jeden Preis mußte er ihre Festnahme verhindern. Wenn man seine Briefe bei ihr fände, wenn man die codierten Mitteilungen, die sie sich gemacht hatten, entschlüsselte, dann würde man Sarah als Komplizin betrachten und auch sie an den Galgen liefern. In seiner Zelle überlegte Emmet verzweifelt, wie er Sarah von seiner Verhaftung benachrichtigen und warnen könne. Hätte er doch nur, wie sie immer gefordert hatte, alle Briefe vernichtet und nicht bei sich behalten! Er hatte es einfach nicht fertiggebracht, sie waren ihm zu kostbar gewesen.

Als Robert Emmet ein knappes Jahr vor seiner Verhaftung von einem mehrjährigen Aufenthalt auf dem Kontinent nach Irland zurückgekehrt war, hatte Sarah Curran, die er als Kind schon gekannt hatte, in seinem Leben noch keine Rolle gespielt. Das einzige, was ihn beschäftigte und umtrieb, war die Absicht, Irland von der englischen Tyrannei zu befreien. Der versuchte Aufstand der United Irishmen, eine revolutionäre Vereinigung von Protestanten und Katholiken, die gemeinsam eine unabhängige irische Republik erzwingen wollten, lag schon vier Jahre zurück. Wolfe Tone, ihr Anführer, hatte in seiner Todeszelle Selbstmord verübt, viele der Beteiligten und viele Unbeteiligte waren hingerichtet worden, viele Mitglieder der Organisation befanden sich im Exil. Robert Emmet war, nachdem man ihn staatsfeindlicher Gesinnungen wegen vom Trinity College verwiesen hatte, ebenfalls außer Landes gegangen. Während seiner Reisen in Spanien, in der Schweiz und in Holland hatte er sich mit der Theorie und Praxis revolutionärer Bewegungen auseinandergesetzt. In Paris schließlich war er zu dem Kreis der dort weilenden United Irishmen – darunter sein Bruder Thomas Addis Emmet – gestoßen und hatte mit ihnen die Möglichkeit erörtert, einen neuen Aufstand zu organisieren. Robert Emmet war der Ansicht, daß es gegenüber den Bedingungen von 1798 gewisse Vorteile gebe, daß der gegenwärtige Zeitpunkt günstiger sei. Die Regierung in Dublin Castle fühle sich sicherer und sei weniger auf der Hut vor Rebellen, weil die Organisation der United Irishmen zerschlagen und verbannt war, weil die inzwischen zustande gekommene Union zwischen England und Irland die Verhältnisse zumindest dem Schein nach entspannt hatte. Diese Situation, so entschied Emmet, sei für einen unerwarteten Aufstand günstig. Es waren noch genug Freiheitskämpfer im Land, die auf eine neue Chance warteten. Außerdem war Napoleon bereit, den Iren Rückendeckung zu geben. Emmet traf Bonaparte mehrmals in Paris und erfuhr von ihm, daß die Franzosen den mit England geschlossenen Frieden von Amiens lediglich als Waffenruhe betrachteten und Napoleon spätestens im August 1803 eine Invasion in England plane. Zwar mißtraute Emmet Napoleons uneigennützigem Einsatz für Irlands Freiheit, dennoch war man auf französische Unterstützung angewiesen, um die englische Tyrannei ein für allemal abzuschütteln.

Nach seinen Konsultationen in Frankreich war Robert Emmet entschlossen, in Irland alle Kräfte für einen neuen Aufstand zu mobilisieren. Unter dem Vorwand, seines schwer erkrankten Vaters wegen zurückgekommen zu sein, tauchte er im Oktober 1802 in Dublin auf. Er wohnte im Haus seiner Eltern, verkehrte in deren Kreisen und begann heimlich zu Mitgliedern und Vertrauensleuten der United Irishmen Kontakt aufzunehmen.

Zu den Freunden seiner Familie gehörte John Philpot Curran, ein liberaler, musisch interessierter Mann, ein Rechtsanwalt, in dessen Haus Künstler und Intellektuelle verkehrten. Robert Emmet hielt sich gern dort auf und verliebte sich sehr bald nach seiner Ankunft in Dublin in Currans jüngste Tochter, die neunzehnjährige Sarah. Nicht Sarahs Schönheit bezauberte Robert, wenngleich er ihre helle sommersprossige Haut und das dichte lockige Haar sehr mochte, sondern ihr lebhaftes Interesse, ihre Begeisterungsfähigkeit und ihre integre Art mit Menschen umzugehen und Dinge zu beurteilen. Robert fühlte, daß er sich Sarah anvertrauen konnte, und weihte sie in seinen Plan ein.

*Sarah Curran*

*Robert Emmet*

Wenn sie in selbstvergessener Anmut Lieder sang, die er liebte, wenn sie ihm zuhörte und zuerst zögernd, doch dann überzeugt, seine politischen Absichten guthieß, gab sie ihm Mut und Zuversicht und beflügelte seinen Traum von einem befreiten Land, von einer stolzen Nation aufrechter, um Gerechtigkeit bemühter Menschen.

In den Traum vom nationalen Glück mischte sich dann auch bald der Traum von seinem privaten Glück. Für die Zukunft erhoffte Emmet sich Irlands Freiheit und Sarahs Liebe. Sein Gefühl war diesen beiden Zielen verpflichtet, sein Handeln mußte sich zunächst auf das eine konzentrieren. Er liebte Sarah, aber noch scheute er sich, es ihr zu sagen. Für seine Liebe zu Irland fand er die glühendsten Worte, und vielleicht verstand sie, daß auch sie damit gemeint war.

Die beiden trafen sich nur in der Priory, Currans Haus in Rathfarnham, waren selten allein, ihre gegenseitige Zuneigung wurde argwöhnisch beobachtet. John Philpot Curran hatte für fanatische junge Männer viel Verständnis, vor Gericht hatte er eine ganze Reihe irischer Rebellen verteidigt, aber im eigenen Haus, in der eigenen Familie, wollte er sie nicht haben, er hatte genug andere Probleme. Seine allzu häufigen Besuche seien unerwünscht, ließ er dem Verehrer seiner Tochter mitteilen. Auch ohne diesen Verweis hätte Robert Emmet seine Besuche bei Sarah einschränken müssen, denn die Organisation des Aufstandes beanspruchte bald jede Sekunde seiner Zeit.

Bis zum Frühjahr 1803 hatte Emmet genügend Vertrauensleute für seinen Plan gewonnen, um mit den konkreten Vorbereitungen beginnen zu können. Unter verschiedenen Namen hatte er mehrere Häuser gemietet, in denen die konspirativen Zusammenkünfte stattfanden. Emmet war daran gelegen, die Zahl der Eingeweihten so klein wie möglich zu halten, da die weitverzweigte Organisation der United Irishmen mit Spitzeln durchsetzt war. Sein Plan baute darauf, mit einer kleinen Gruppe handverlesener Männer einen Überraschungsschlag zu lancieren. Zu seinem engsten Stab gehörten der Weber Jeremy Hope, der Schreiner Henry Howley sowie der Maurer Michael Quigley und der Buchhalter Miles Byrne. Zwei sehr bekannte United Irishmen, die Anwälte W. H. Hamilton und Thomas Russel, kehrten heimlich aus dem Pariser Exil zurück, um Emmets Rebellion zu unterstützen. Zu diesem engsten Kreis stieß auch Michael Dwyer, ein Geächteter, der sich seit dem Aufstand von 1798 mit einer kleinen Armee in den Wicklow Mountains versteckt hielt. Unter der Tarnung ihrer Alltagsgeschäfte konnten die Verschworenen, Handwerker, Händler und Fuhrleute, in ihren jeweiligen Werkstätten, Lagerhallen und Betrieben Waffen herstellen und in den zehn rund um Dublin Castle plazierten Depots unterbringen. In mehr als der Hälfte aller Grafschaften des Landes standen bewaffnete Männer bereit, um die Erhebung zu unterstützen, sobald in Dublin die Regierung gestürzt und der Vizekönig und seine Befehlshaber festgenommen waren. Mit ein paar Tausend Mann wollte Emmet Dublin Castle und alle anderen Regierungsgebäude besetzen und mit Unterstützung der Franzosen England zur Kapitulation zwingen. In seiner Proklamation, die er den Männern vor ihrem Einsatz verlesen wollte, hieß es: »Ihr seid jetzt aufgerufen, der Welt zu zeigen, daß Ihr fähig seid, einen Platz unter den Nationen einzunehmen.« Weil er an die Bedeutung nationaler Symbole glaubte, ließ er für seine »Armee« Uniformen nähen: grüne Überröcke und enge weiße Hosen.

Von Mai bis Juli liefen die Vorbereitungen auf Hochtouren. Tausende von Spießen, Schußwaffen und Raketen wurden hergestellt oder gekauft und in die Depots gebracht. Eine besondere Art von Schußraketen – mehr Abschrekkungs- als Tötungswaffe – war von Emmet selbst entwickelt worden, er war seit seiner Schulzeit ein sachverständiger und geschickter Bastler. Überhaupt kümmerte Emmet sich um alles, war stets über den Fortgang der Vorbereitungen informiert, bewegte sich unauffällig von einem Depot zum anderen, prüfte die Waffen, sprach mit den Arbeitern, wenn sie nicht wußten, wer er war, gab er sich auch nicht zu erkennen. Er wechselte sein Quartier ebenso häufig, wie er seine Handschrift und seinen Akzent wechselte.

Während dieser hektischen Monate hatte er mit Sarah nur schriftlichen Kontakt. Durch seine Briefe war sie über all seine Aktivitäten unterrichtet. Die Raketen, die Robert baute, hießen in ihren Briefen Windhunde, die Waffendepots nannten sie Roberts Frau und zehn kleine Kinder. Sie hatten für die jeweilige Zustellung ihrer Korrespondenz eine sehr vertrauenswürdige und zuverlässige Botin, Anne Devlin, die Tochter eines Mannes, von dem Emmet, als Mr. Ellis, ein Haus in der Butterfield Lane in der Nähe von Rathfarnham gemietet hatte. Michael Dwyer, der Kämpfer, der in den Wicklow Mountains bereitstand, war Annes Onkel, ein Cousin von ihr gehörte zu Emmets Leuten. Anne wußte, was vorging, und half als Emmets »Haushälterin« Waffen zu verpacken und zu verladen und Informationen zu übermitteln. Sie hatte von Emmet, obgleich er noch so jung und unerfahren war, die allerhöchste Meinung und glaubte an das Gelingen seines Plans. Auch Emmet war zuversichtlich. Sein Plan, den die meisten der United Irishmen, mit denen er in Frankreich gesprochen hatte, als abenteuerlich, ja geradezu als tollkühn befunden hatten, war durchführbar, es mußte nur alles gemäß seinen Anordnungen funktionieren, es durfte nichts schiefgehen.

Aber es war alles schiefgegangen. Das erste Desaster passierte am 16. Juli in einem der wichtigsten Waffendepots, einer umfunktionierten Färberei, in der Patrick Street. Durch eine Unachtsamkeit war eine von Emmets Waffenerfindungen, eine Art Bombe, explodiert und die Explosion hatte die Aufmerksamkeit der Polizei erregt. Zwar konnte das meiste Waffenmaterial beseitigt werden, bevor Major Sirr mit seinen Leuten anrückte, aber einiges, das Verdacht erregen konnte, war zurückgeblieben, und es stand zu erwarten, daß man durch Polizei und Spitzel die ganze Stadt auskundschaften würde.

In großer Bedrängnis entschied Emmet, Napoleons angekündigte Invasion im August nicht abzuwarten, sondern den Aufstand auf den 23. Juli vorzuverlegen. Später glaubte Emmet, Mißgeschicke hätten seinen Plan zunichte gemacht. Daß auch er Saboteure und Verräter unter seinen Leuten gehabt hätte, wie schon zuvor die United Irishmen, diesen Verdacht hegte er nicht, obgleich es nahelag. Seine selbstgebastelten Höllenmaschinen, die den in ihren Verstecken harrenden Männern den Beginn des Aufstandes signalisieren sollten, versagten, ihre Zündungen waren feucht geworden oder man hatte sie nicht richtig präpariert, auch die Handgranaten funktionierten nicht. Als keine Signale kamen und die wartenden Männer vermuteten, Emmet hätte die Sache auf ein späteres Datum verschoben, machten viele, die aus der Umgebung anmarschiert waren und tagelang in Bereitschaft gelegen hatten, sich wieder auf den Heimweg. Der Bote, der Michael Dwyer und seine Armee aus den Wicklows holen sollte, hatte seinen Auftrag nicht erfüllt. In Emmets Hauptquartier in der Thomas Street hatten die dort versammelten Kämpfer über den Mangel an Schußwaffen gemeutert, und als Emmet ihnen Geld gegeben hatte, um noch welche zu besorgen, kauften die einen Gewehre, die anderen verzogen sich in die umliegenden Kneipen. Der 23. Juli war ein heißer, trockener Samstag gewesen. Als Emmet schließlich mit weniger als hundert grünuniformierten Männern aus dem Depot in der Thomas Street in Richtung Dublin Castle stürmte – er war dabei gewesen, die

Sache abzublasen, aber die Nachricht, daß die Soldaten im Anmarsch seien, hatte ihn entscheiden lassen, weiterzumachen –, war es schon fast dunkel geworden. Zu den Aufständischen hatte sich der Pöbel aus Dublins Kneipen und Straßen gesellt, und in dem Tumult wurde ein hochangesehener Anwalt, der auf dem Nachhauseweg mit seiner Kutsche in die Menge geraten war, erstochen. Von diesem unsinnigen Mord schockiert, hatte Emmet endlich aufgegeben.

Er war dann mit Howley und Byrne und einigen anderen in sein Haus in die Butterfield Lane geflüchtet. Anne Devlin war entsetzt, als die Männer dort auftauchten, und hatte sie als Feiglinge beschimpft, die andere ins Verderben führen und sich dann aus dem Staub machen. Aber Emmet war keiner, der sich aus dem Staub machte und andere verhaften und hängen ließ. Er machte sich auf den Weg in die Wicklow Mountains, um Michael Dwyer zu sagen, daß alles vorüber sei, und blieb ein paar Tage dort. Jeder, der es gut mit ihm meinte, drängte ihn, nach Frankreich oder in die Vereinigten Staaten zu flüchten. Natürlich hätte er fliehen können. Aber er hatte es nicht getan. Es war noch zuviel zu regeln gewesen, und er hatte die Hoffnung, Sarah noch einmal sprechen oder durch Annes Vermittlung sich mit ihr verständigen zu können, daß sie mit ihm nach Amerika ginge.

In seiner Gefängniszelle von Kilmainham dachte Emmet jetzt nicht mehr an Amerika. In panischer Angst versuchte er nur einen Weg zu finden, Sarah davon zu benachrichtigen, daß er verhaftet war und sie seine Briefe vernichten mußte. Einem Gefängniswärter, der ihm seine Bereitschaft zur Fluchthilfe zu verstehen gegeben hatte, vertraute er den Auftrag an, Sarah zu verständigen. Er schrieb einen Brief, adressiert an »Sarah Curran, The Priory, Rathfarnham«, und gab ihn abends spät George Dunn, dem »zuverlässigen« Gefängniswärter. Der Brief landete wenige Minuten später auf dem Schreibtisch von Polizeichef Sirr, und Major Sirr wartete noch den Morgen ab, bevor er sich auf den Weg nach Rathfarnham begab.

John Philpot Curran war nicht zu Hause, als Sirr in der Priory auftauchte. Eine Bedienstete wurde beauftragt, Sarah aus dem Bett zu holen. Als sie dem Major vorgeführt wurde, brach Sarah in hysterisches Geschrei aus. Während Sirr mit der tobenden jungen Frau beschäftigt war, eilte Amelia, ihre ältere Schwester, in Sarahs Zimmer, holte Roberts Briefe aus dem Versteck und verbrannte sie im Kamin. Der Polizeichef konnte bei seiner Hausdurchsuchung nur noch verkohltes Papier sicherstellen. Er hatte inzwischen seinen Versuch, die wimmernde, halbohnmächtige Sarah zu verhören, aufgegeben und beschlossen, auf ihre Festnahme zu verzichten. Schließlich war sie die Tochter eines angesehenen und einflußreichen Anwalts, mit dem man sich besser nicht anlegte. Daß sie Emmets Komplizin war, glaubte Sirr nicht, und von ihren Aussagen versprach er sich weniger als von denen einer anderen jungen Frau, die er längst in Gewahrsam hatte, Anne Devlin, die man trotz ihrer Halsstarrigkeit noch zum Reden bringen würde. Mit dem abgefangenen Brief an Sarah Curran war jedenfalls der Beweis von Emmets Handschrift erbracht. Man würde ihm nun die Autorenschaft der Proklamation nachweisen und ihn mit seiner Furcht um das Mädchen erpressen können.

Major Sirr täuschte sich. Anne Devlin war nicht zum Reden zu bringen. Man hatte sie schon einen Tag nach dem gescheiterten Aufstand in Emmets Haus in der Butterfield Lane festgenommen und verhört. Man hatte sie, als sie sich weigerte, Auskunft über »Mr. Ellis« zu geben, mit Bajonetten an die Wand gespießt, bis sie blutüberströmt zusammengebrochen war, man hatte sie zwischen den hochgekippten Deichseln eines Eselskarren aufgehängt und kurz vorm Ersticken wieder zu Boden stürzen lassen, hatte ihr immer wieder erfolglos dieselben Fragen nach Mr. Ellis gestellt und sie schließlich samt ihrer ganzen Familie in Kilmainham eingesperrt. Anne Devlin war nicht zum Reden zu bringen. Auch als man ihr fünfhundert Pfund Bestechungsgeld bot, sie auf ihre Weigerung, es anzunehmen, weiter folterte, als ihr Bruder im Gefängnis starb, als Emmet, selbst schon in Kilmainham inhaftiert, sie aufforderte, alles über ihn auszusagen, um sich und ihre Familie zu retten, blieb Anne standhaft. Emmets Aufforderung habe sie als Beleidigung empfunden, erzählte sie viele Jahre später dem Ordensbruder Luke Cullen, der sie als alte Frau in einem Dubliner Armenviertel ausfindig machte und ihre Lebensgeschichte aufschrieb. Der Lohn all ihrer Leiden sei gewesen, daß sie ihrem Gewissen treu geblieben und nach den schrecklichen Jahren der Einzelhaft und der Folter ihren Peinigern hocherhobenen Hauptes habe begegnen können.

Auch Robert Emmet kannte einen Lohn für sein Leiden und einen Sieg, der seinem Scheitern folgen könnte: daß andere seinen Auftrag übernehmen und in Erinnerung an seinen Namen für Irlands Freiheit kämpfen würden. Er wußte, daß sein Leben nicht zu retten war, es sei denn, die Franzosen würden rechtzeitig in England einfallen, mit ihren Truppen auch in Irland landen und ihn befreien. Dieser letzten Hoffnung wegen versuchte er, den Prozeß hinauszuzögern. Aber am 19. September, einen knappen Monat nach seiner Verhaftung, stand er des Hochverrats angeklagt vor Gericht. Morgens um neun wurde er in Ketten auf die Anklagebank im Green Street Court House geführt. Die Vernehmungen dauerten den ganzen Tag. Emmet mußte stehend der Anklage und den Zeugenvernehmungen zuhören. Die Anklage lautete, daß er die Hauptantriebskraft und der Führer einer Rebellion gewesen sei, die unter dem Vorwand, eine unabhängige irische Republik zu gründen, beabsichtigt habe französischen Despotismus, Anarchie und Sklaverei einzuführen. Nach zwölf Verhandlungsstunden wurde Emmet für schuldig befunden und zum Tode verurteilt. Auf die Routinefrage, ob er noch einen rechtmäßigen Widerspruch gegen das Urteil vorzubringen habe, setzte Emmet zu einer Rede an, die seinen Nachruhm begründete und deren Pathos sich alle späteren Generationen irischer Freiheitskämpfer zu eigen machen sollten. »My Lords, ich bin gefragt worden, was ich vorzubringen habe gegen das über mich verhängte Todesurteil; im Sinne des Gesetzes habe ich nichts dazu zu sagen; warum jedoch mein Name vor falschen Anschuldigungen und Verleumdungen gerettet werden muß, dazu habe ich viel zu sagen«, so begann Emmet seine berühmte Rede von der Anklagebank, und er endete mit dem Wunsch »Wenn mein Geist sich den Scharen der Märtyrer-Helden zugesellt hat, die ihr Blut auf dem Schafott oder auf dem Feld der Verteidigung ihres Landes vergossen haben, so ist dies meine Hoffnung – ich möchte, daß mein Name und die Erinnerung an mich alle beseelt, die mich überleben ... Ich gehe in mein kaltes stilles Grab – mein Lebenslicht ist fast erloschen. Ich habe Abschied genommen von allem, was mir um meines Landes willen in diesem Leben teuer war; ich habe verlassen, die meinem Herzen am nächsten war; mein Kampf ist zu Ende, das Grab öffnet sich vor mir, und ich sinke in seine Umarmung. Ich habe nur noch eine Bitte, bevor ich Abschied nehme von dieser Welt, ich bitte um die Gnade des Schweigens. Laßt niemanden mein Epitaph schreiben. Da keiner, der meine Beweggründe kennt, es jetzt wagt, sie zu verteidigen, so laßt sie und mich in Frieden und in Anonymität ruhen und laßt mein Grab unbeschriftet, bis andere Zeiten und andere Menschen meinem Namen Gerechtigkeit widerfahren lassen. Wenn mein Land seinen Platz unter den Nationen der Welt einnimmt, dann, und nur dann, soll meine Grabschrift geschrieben werden – ich bin am Ende!«

Bevor man Emmet aus dem Gerichtssaal abführte, beugte sein Verteidiger Leonard McNally sich zu ihm hin und küßte ihn auf die Wange. Keiner wußte, daß derselbe McNally, der Emmet verteidigte, ihn vorher an Major Sirr verraten hatte.

Vor seiner Hinrichtung schrieb Robert Emmet zwei Briefe. Den einen an seinen Bruder und seine Schwägerin in Frankreich, denen er Plan und Verlauf seines Aufstands erläuterte und denen er die Fürsorge für Sarah ans Herz legte, falls ihr Vater sie verstieße, »behandelt sie wie meine Frau und liebt sie wie eine Schwester«; den anderen schrieb er an Richard Curran, Sarahs Bruder. Er bittet ihn um Vergebung dafür, daß er mit seiner Liebe Sarahs Glück und das ihrer Familie zerstört habe, das Gegenteil davon habe er beabsichtigt. »Ich habe Dir nie gesagt, wie sehr ich sie liebe und verehre, nicht aus ungezügelter wilder Leidenschaft, sondern mit einer Zuneigung, die stündlich wuchs, mit der Bewunderung ihres Verstandes und Respekt für ihre Begabungen. Heimlich habe ich auf unsere Verbindung gehofft. Nicht für mich selbst habe ich Ruhm und Ehre gewollt, aber ich hätte gewünscht, dem Glanz von Sarahs Augen abzulesen, daß man ihren Ehemann schätzt und respektiert ... Sarah, meine Liebe, ich hatte nicht gehofft, Deine Zuneigung auf diese Weise zu erwidern ...« Diesen einen, direkt an Sarah gerichteten Satz erlaubt Emmet sich in seinem Brief an Richard Curran einzufügen. Sarah zu schreiben, verbietet ihm die Furcht, ihren Vater noch mehr aufzubringen und ihr Los zu erschweren. Statt dessen nimmt er die Haarlocke, die er seit ihrem letzten Treffen bei sich trägt, er hatte sie darum gebeten, lachend hatte sie ihm die Schere gereicht, ihren Kopf gebeugt und ihn aufgefordert, sich zu bedienen. Bis in die Todeszelle hinein hatte er das in seiner Halsbinde versteckte Haar gerettet. Er band es nun zusammen und befestigte es in seinem Hemd, damit er es auch in seiner Todesstunde bei sich trüge.

Am frühen Nachmittag des 20. September 1803 rollte aus dem Haupttor von Kilmainham der Wagen, der den Verurteilten zu seiner Hinrichtung bringen sollte. Ein Trupp von Soldaten bahnte dem Gespann den Weg durch die wartende Menschenmenge. Zwei Pfarrer der Church of England begleiteten den Gefangenen und saßen ihm in dem Wagen gegenüber. Er schaute sie nicht an. Sein Blick galt den Menschen, die ihm durch die Straßen Dublins folgten. Er erkannte in der Menge Studienkollegen und Bekannte seiner Familie und nickte ihnen zu. Bevor der Wagen in die Thomas Street einbog, wo man in der Nähe seines Hauptdepots vor der St. Catherine Church den Galgen errichtet hatte, sah Emmet in einer Seitenstraße eine wartende Droschke und darin die Umrisse einer Frau, die heftig zu winken begann, als er ihr sein Gesicht zuwandte. Sie war seinem Blick sofort wieder entschwunden, er hatte den Kopf gereckt, aber sonst nicht reagieren können, da seine Hände gebunden waren.

Bevor er auf der Plattform des Galgens die Planke unterhalb des Stranges bestieg, wandte er sich der Menge zu und sagte, ohne die Stimme zu erheben: »Meine Freunde, ich sterbe in Frieden und mit dem Gefühl der Liebe und des Wohlwollens allen Menschen gegenüber.« Als die Fesseln losgebunden waren, legte er Stiefel und Jacke ab, half dem Henker beim Anlegen der Schlinge und ließ sich die Kapuze über den Kopf ziehen. In der rechten Hand hielt er ein Taschentuch, das er loslassen sollte zum Zeichen seiner Bereitschaft. In stummem Entsetzen warteten die Menschen auf sein Ende. »Sind Sie bereit?«, fragte der Henker. »Noch nicht«, kam die Antwort von Emmet. Auch ein zweites Mal beantwortete er die Frage mit »Noch nicht«. Beim dritten Mal wartete der Henker die Antwort nicht mehr ab, er stieß die Planke von ihrer Halterung, und Robert Emmet stürzte in den Strang. »Auch wenn sich vor mir ein Abgrund auftut«, hatte er einmal auf einem Zettel notiert, den man in einer seiner Werkstätten fand, »so werden meine Augen weiter zu den Glücksvisionen meiner Phantasie aufblicken.«

Der Strang, der Emmets Genick brach, brach auch Sarahs Herz. Ihr Vater duldete sie nach Emmets Hinrichtung nicht weiter in seinem Haus. Sie lebte bei entfernten Bekannten und fand es schwer, mit Menschen zusammenzusein, obgleich sie sich immer wieder dazu zwang. Ihr war erst nach Roberts Tod klar geworden, daß sie ihn geliebt hatte. Nach einigen Jahren willigte sie, um versorgt und nicht ganz auf die Hilfe Fremder angewiesen zu sein, in die Ehe mit einem britischen Offizier ein. Sie hatte ihm gesagt, warum sie ihn heirate, und daß er nicht auf ihre Liebe hoffen dürfe, ihr Herz gehöre für immer einem anderen. Wenig später starb sie, fünfundzwanzigjährig. Sie war nicht älter geworden als ihr Geliebter.

## *Ein ungekrönter König und eine geschmähte Königin*

Charles Stewart Parnell und Kitty O'Shea

Weihnachten 1891 war ein Desaster. Schon wochenlang hatte man im Haus von John Joyce nichts anderes gehört als »Parnell« und »irische Verräter« und daß es nun keinen Politiker und keine Politik mehr gäbe, für die sich einzusetzen der Mühe wert wäre. Dante Conway, die Erzieherin der Joyceschen Kinder, hatte genug; als am Weihnachtstag Joyce und sein Freund John Kelly besonders heftig wüteten und jammerten und ihr Geschrei bis in die Nachbarhäuser zu hören war, stürmte sie aus dem unchristlichen Haus und ließ sich nie wieder dort blicken. Auch für sie war durch Parnells Fall eine Welt zusammengebrochen, aber sie wußte, was Anstand ist, und würde einem Ehebrecher nicht nachtrauern, ganz egal wie sehr sie ihn früher verehrt hatte.

Für John Joyce aber lag die Welt in Scherben. Und wenn es einen kleinen Trost für ihn gab, dann war es das wunderschöne Gedicht, das sein neunjähriges Söhnchen James zu Ehren des großen Parnell geschrieben hatte. Der stolze Vater ließ es drucken und unter Freunden und Parnell-Anhängern verteilen. Vielleicht lag Irlands Zukunft eher in den Schriften seiner Dichter als in den halbherzigen Machenschaften und hinterhältigen Intrigen der Politiker, die Parnells Untergang mitverantworteten und die jetzt das Sagen hatten.

Charles Stewart Parnell, der irische Führer, war tot. Drei Monate zuvor, am 11. Oktober 1891, war sein Leichnam von Brighton über London, Holyhead, Kingstown (heute Dun Laoghaire) nach Dublin gebracht worden, und seinem Sarg folgte eine Prozession, wie sie die irische Metropole noch nie gesehen hatte. Es dauerte fast den ganzen Tag, bis der Leichenzug die von schwarzen und grünen Fahnen umflorte Stadt durchquert hatte. Nahezu eine Viertelmillion Menschen begleiteten Parnell auf seinem letzten Weg. Menschen, die ihn geliebt und verehrt hatten, deren große Hoffnung er gewesen war. Aber auch seine Gegner und die, die von ihm abgefallen waren, erwiesen ihm die letzte Ehre. Es wurde Nacht, bevor der Sarg auf dem Glasnevin Friedhof in die Erde kam, und als unzählige Kränze und Blumen niedergelegt und Tränen vergossen waren, erleuchtete ein ungewöhnlich heller Meteor für Sekunden den Himmel über Dublin.

Während ganz Irland um Parnell trauert, ist der einzige Mensch, den Parnell liebte, im fernen Brighton mit seinem Schmerz allein. Selbst wenn sie nicht zu krank gewesen wäre, um ihrem toten Geliebten zu folgen, hätte man es ihr nicht gestattet. Wenigstens das Begräbnis sollte vom üblen Beigeschmack des Skandals rein bleiben. Man wollte die Frau, die Parnells Fall verursacht hatte, nicht sehen – nicht jetzt. Und man sah sie dann schließlich überhaupt nicht mehr. Katharine Parnell, wie sie seit ein paar Monaten hieß, verschwand in der Anonymität, lebte noch dreißig Jahre verarmt und von allen außer ihren Kindern vergessen. Oft stand sie nachts auf und ging ans Meer, um auf Parnell zu warten, so wie sie ihn in früheren Jahren so unzählige Male nachts erwartet hatte. Die legendäre »Kitty O'Shea« jedoch, als die sie bekannt und verleumdet worden war, die lebte in der Öffentlichkeit weiter in Liedern und Balladen, in Erzählungen und Boulevardstücken, ein Symbol der Verführung und des Ruins.

Die Engländerin Katharine O'Shea und der Ire Charles Stewart Parnell wurden von keiner Schicksalsmacht zusammengeführt, sondern durch den Karrierewunsch von William O'Shea, Katharines Ehemann. Hauptmann O'Shea,

Ende dreißig, ein schneidiger, gutaussehender und geselliger Mensch, befand sich in beruflichen Schwierigkeiten. Nach Armeezeit und Heirat war er mit einer Pferdezucht gescheitert, hatte auch ein wenig gespielt, ein spanisches Sulfurminenprojekt war nicht auf die Beine gekommen, und nun hatte man ihm geraten, doch in die Politik zu gehen. Die Dinge fügten sich gut. Im März 1880 löste Disraeli das britische Parlament auf. Neuwahlen standen an, und Hauptmann O'Shea, ein katholischer Ire, kandidierte für den Parlamentssitz der Grafschaft Clare. Katie, genauer ihre schwerreiche Erbtante Mrs. Benjamin Wood, war bereit, die politische Laufbahn des Hauptmanns zu finanzieren.

Als O'Shea ins Unterhaus kam, hieß dort der führende Mann in der irischen Fraktion Charles Stewart Parnell, ein politischer Newcomer und jüngster Sproß einer alten protestantischen Grundbesitzerfamilie mit national gesonnener, demokratischer Tradition. Willie O'Shea mag diesen neuen Star am politischen Firmament nicht. Zu fanatisch, zu eigen, ziemlich schlecht angezogen und doch auch wieder vornehm und selbstbewußt, kein brillanter Rhetoriker, zu leise Stimme, mit der er irgendwie aber immer ins Schwarze trifft, immer den wunden Punkt, immer die heuchlerischen Zweideutigkeiten in der britischen Irlandpolitik offenlegt. Ganz klar, daß er mit seiner Obstruktionspolitik das Parlament lahmlegen und in der Irlandfrage weichkriegen will.

Auch Willie O'Shea ist der Ansicht, daß sich in Irland etwas ändern muß, es geht nicht, daß den Engländern das Land gehört und die Iren sich dort als Pächter zu Tode hungern, in der Landfrage muß etwas geschehen. Vielleicht sollten die Kommunen auch mehr Selbstverwaltung haben, aber eine unabhängige irische Nation, das ist es doch letzten Endes, was Parnell erreichen will, nein, dieses Ziel hält Willie für verstiegen. Trotzdem, es kann der Karriere nicht schaden, im Augenblick jedenfalls nicht, Parnells Bekanntschaft zu machen.

Eigentlich leben Captain O'Shea und seine Frau Katharine seit längerer Zeit schon getrennt. Man kann sagen, es hat sich so ergeben. Sie haben erst nach der Heirat, die beide wollten, festgestellt, daß sie doch von sehr unterschiedlichen Temperamenten sind und sich bei längerem Zusammensein auf die Nerven gehen. Geldsorgen, Willies berufliche Fehlschläge, ihre divergierenden Neigungen – sie mehr zum Musischen, er mehr zum Geselligen – all das hatte zunehmend zu Irritationen geführt, aber dann kam die Sache mit Tante Ben, die Katharine und Willie samt ihren drei Kindern aus dem familiären Dilemma heraushalf. Mrs. Benjamin Wood, genannt Tante Ben, eine Schwester von Katies Mutter, war eine sehr vermögende Witwe, die seit vielen Jahren in einem wunderschönen großen Haus, genannt »The Lodge«, in Eltham, acht Meilen südöstlich von London lebte, reich, alt und einsam. Tante Ben war kinderlos und liebte von allen ihren Neffen und Nichten Katie am meisten, und als Katie mit ihrem irischen Hauptmann in Schwierigkeiten kam, war die alte Dame bereit zu helfen, zu ihren Bedingungen freilich: Katie sollte mit ihren drei Kindern nach Eltham ziehen, dort ein eigenes Haus ganz in der Nähe von Tante Bens »Lodge« haben, sollte sich um die Kinder kümmern und ihr, Mrs. Benjamin Wood, Gesellschaft leisten, während Willie in London Quartier bezog und dort seinen Geschäften nachging. Hauptmann O'Shea fand dieses Arrangement ausgezeichnet, es garantierte ihm finanzielle Absicherung, alle Freiheiten, die er wollte, und der Schein einer intakten, wenngleich umständehalber räumlich getrennten Ehe war auch gewahrt. Auf diese Weise war eine sehr angenehme freundschaftliche Beziehung mit seiner Frau möglich, zumal Katharine seine Karrierepläne unterstützte, zum Beispiel, indem sie Gesellschaften gab für seine politischen Freunde oder solche, die es werden sollten.

So standen die Dinge im Sommer des Jahres 1880, als William O'Shea beabsichtigte, dem irischen Führer Charles Stewart Parnell näherzukommen.

Mehrfach schon hatte Katharine Parnell geschrieben und ihn im Namen ihres Mannes zu einem Dinner in Thomas's Hotel am Londoner Berkeley Square, wo sie ihre Gesellschaften zu geben pflegte, eingeladen, doch keine Antwort erhalten. Nun beschließt sie, ihn persönlich mit ihrer Einladung zu konfrontieren. Während einer Kabinettssitzung, bei der Parnell sprechen wird, bezieht sie gemeinsam mit ihrer Schwester im nahegelegenen Palace Yard Position. Sie läßt Parnell melden, daß zwei Damen in einer Droschke ihn erwarten. Und hier kommt er nun, Irlands ungekrönter König, wie seine Verehrer ihn nennen, hochgewachsen, schlank, von blasser Gesichtsfarbe und mit feingeschnittenen, aristokratisch wirkenden Zügen. Mit geistesabwesender Miene nähert er sich der Droschke. In dem Moment, als er Katharine O'Sheas offenen, unaffektierten Blick, ihr freundliches Gesicht und dichtes dunkles Haar wahrnimmt, leuchten seine Augen auf, wahrhaft so, als sei er dem Glück begegnet. Sie wird sich später nicht erinnern, was sie sagt oder was er antwortet, nur, daß er eine Rose, die ihr aus dem Mieder fällt, von ihrem Rock aufhebt, an seine Lippen führt und sich dann ans Revers steckt.

Eine Woche darauf, Ende Juli 1880, findet das gemeinsame Dinner in Thomas's Hotel statt. Wieder ist Anna Steele, Katies Schwester, eine glänzende Unterhalterin, dabei, Willie O'Shea natürlich auch und noch ein oder zwei Bekannte. Während des Essens spricht Parnell kaum mit Katie, aber bei dem anschließenden Theaterbesuch sitzen die beiden wie selbstverständlich im hinteren Teil der Loge beieinander und reden die ganze Vorstellung hindurch.

*Charles Stewart Parnell*

In den kommenden Wochen fährt Katie oft nach London und macht Besuche im britischen Unterhaus. Sie nimmt Platz auf der Ladies Gallery, hört Parnell sprechen und trifft ihn während der Sitzungspausen. Oft fahren sie dann zu einem gemeinsamen Spaziergang an die Themse, reden über ihrer beider Lebensgeschichten, über Politik und über die Karriereaussichten von Captain O'Shea.

Als Parnell im September nach Irland muß, schreibt er ihr von dort, zum erstenmal sei ihm dieser Aufenthalt leidig, ob sie sich das erklären könne? Im Oktober ist er in London zurück, und Captain O'Shea, darauf bedacht, sich den irischen Führer warmzuhalten, lädt ihn ein, in »Wonersh Lodge« in Eltham, dem Haus, in dem Katie mit ihren Kindern wohnt, einen Besuch zu machen und sich dort ein wenig zu erholen. Parnell fährt nach Eltham. Doch es wird kein Besuch, Parnell bleibt in Eltham (auch wenn keiner außer Katie davon Kenntnis erhält). Katie, so jedenfalls sieht es Parnell, wird in diesen Oktoberwochen 1880 seine Frau. Daß sie in den Augen der Welt noch mit Captain O'Shea verheiratet ist, stört ihn zwar, mindert aber nicht sein absolutes, unverbrüchliches Zugehörigkeitsgefühl zu der Frau, die er liebt, wie er nie geliebt hat, wie zu lieben er nie für möglich gehalten hätte. Auch Katie liebt, wie sie nie zuvor geliebt hat, fühlt sich Parnell in einer Weise vermählt, wie sie mit Willie nie vermählt war, trotzdem kann sie Parnells Wunsch, die Scheinehe zu beenden und ihn zu heiraten, nicht nachgeben. Es wäre ihrer aller Ruin, denn es würde sie auf einen Schlag ihrer Existenzgrundlage berauben – ihrer eigenen, der ihrer Kinder und Willies. Diese Existenzgrundlage besteht in Tante Bens Millionenerbe. Zweifellos würde die alte Dame, der Katies Gesellschaft so lieb und teuer geworden ist, daß sie diese Nichte zur Alleinerbin ihres Vermögens gemacht hat, sie auf der Stelle enterben, wenn Katie die Schande einer Scheidung über die Familie brächte. So viel

*Kitty O'Shea*

aufs Spiel zu setzen wäre töricht, denn – als Katie und Parnell ihre Liebesbeziehung eingehen, ist Tante Ben achtundachtzig Jahre alt. Hätte von den drei Protagonisten der nun folgenden Dreiecksgeschichte einer gewußt, daß Mrs. Benjamin Wood sich noch ein weiteres Jahrzehnt lang bester Gesundheit erfreuen sollte, so würde mit Sicherheit die irische Geschichte des 20. Jahrhunderts anders geschrieben.

Im Winter 1880/81 trat der Kampf um die Lösung der irischen Frage in eine heiße Phase. Der britische Regierungschef Gladstone sah sich aufgrund wachsender Unruhen in Irland gezwungen, ein neues Landgesetz zu verabschieden, das die Willkür der Grundbesitzer beschneiden, den Pachtzins senken und den verarmten irischen Pächtern ein Mitbestimmungsrecht einräumen sollte. Zwar signalisierte Gladstone damit ein Entgegenkommen, doch lag dieses weit unter den Forderungen von Parnell und der irischen Landliga, die auf völlige Abschaffung des Feudalsystems und auf irische Selbstregierung, beziehungsweise auf die Bildung eines unabhängigen irischen Nationalstaates drängten. Die Liga verweigerte die Annahme des neuen Landgesetzes, daraufhin erließ die britische Regierung Notstandsverordnungen und verhaftete Parnell und andere Führer der Landliga.

Bis zur Inhaftierung bleiben Katie und Parnell fast ein Jahr, um ihr Liebesleben innerhalb des gegebenen Rahmens zu etablieren. »Wonersh Lodge« in Eltham wird Parnells Zuhause. Katie richtet ihm ein Zimmer ein, das mit dem ihren verbunden ist. Der irische Teil ihrer Dienerschaft ist zu überwältigt von der Tatsache, den großen Führer in ihrer Obhut zu haben, um unangenehme Fragen zu stellen. Willie läßt sich wie immer selten bei seiner Familie blicken. Einmal, Parnell ist gerade in Irland unterwegs, taucht er unerwartet auf. Parnells Mantel und einiges Gepäck fallen dem üblicherweise ziemlich blinden Ehemann ins Auge. Wutentbrannt wirft er die Sachen zum Fenster hinaus, marschiert nachts die acht Meilen zu Fuß nach London zurück, weint sich bei der Schwägerin aus und fordert Parnell ein paar Tage später zum Duell. Parnell akzeptiert. Katie, aufs höchste alarmiert, nimmt Zuflucht zu dem allzeit wirkungsvollen Beschwichtigungsmittel für Willies Ausbrüche und Launen: Tante Bens Scheckbuch. Das Duell findet nicht statt, und schon bald hat Willie sich soweit beruhigt, daß er Parnells Gesellschaft und Freundschaft wieder sucht, denn von dem politischen Kuchen des großen Mannes möchte er doch gern, wenn die Zeit gekommen ist, ein gutes Stück abhaben.

Doch die Zeit ist noch längst nicht gekommen. Erst einmal geht Parnell für ein halbes Jahr ins Gefängnis. Die Liebenden schreiben sich täglich Briefe. Zwischen den Zeilen des offiziellen Schreibens, »Meine liebe Mrs. O'Shea«, »Immer Ihr Charles S. Parnell«, steht mit unsichtbarer Tinte geschrieben die eigentliche Mitteilung: »Meine liebe Frau,... meine Königin,... meine über alles geliebte Katie... bitte, sorge Dich nicht um mich – es geht mir besser als die Zeitungen schreiben – für die Sache Irlands ist diese Haft ein Gewinn – bitte, paß gut auf Dich auf – der Gedanke, daß Du leidest, ist schrecklich – um unseres Kindes willen, schone Dich – ich liebe Dich täglich mehr – jeden Morgen küsse ich dein Bild, wie schön Du bist – daß ich jetzt, in diesen Wochen, nicht bei Dir sein kann, ist furchtbar... Dein Dich liebender Gatte ... Dein einziger König.«

Am 14. Februar 1881 bringt Katie ein Mädchen zur Welt. Sie schickt dem Vater ein Löckchen der Neugeborenen ins Gefängnis. Parnell ist außer sich vor Glück. Aber das Kind wird nicht lange leben. Kurz bevor es stirbt, kann Parnell, wegen einer anderen Familienangelegenheit auf Ehrenwort kurzzeitig aus der Haft entlassen, sein Kind ein einziges Mal im Arm halten.

Unterdessen wächst der Druck auf den englischen Premierminister, den irischen Führer freizusetzen. Parnell kommt Gladstone entgegen, er verspricht Gewaltverzicht seitens der Landliga. Beide unterzeichnen ein Abkommen, das einer neuen irischen Parlamentspartei unter der Führung von Parnell konstitutionelle Rahmenbedingungen zur Durchsetzung ihrer Ziele garantiert.

Nur wenige Tage nach diesem Abkommen ermorden Anhänger einer extremen irischen nationalistischen Gruppe den neuen, von Gladstone berufenen Irlandminister und dessen Stellvertreter im Dubliner Phoenix Park. Später wird man Parnell Mitwisserschaft bei diesem Mord anhängen, und zu den Belastungszeugen gehört auch Hauptmann O'Shea.

Doch vorerst sind Willie und Parnell noch politische Weggefährten. Autonomie für Irland – Home Rule – steht auf der Agenda der neuen irischen Partei, und Gladstone, mit seiner liberalen Regierungspartei auf die Unterstützung der irischen Abgeordneten angewiesen, legt 1886 dem Parlament den Entwurf eines Home Rule Gesetzes für Irland vor. Ein Entwurf, der keine Sonderregelung für die Ulster Protestanten vorsieht und dessen Inkrafttreten den Schlußstrich unter die viele Jahrhunderte währende englische Gewaltherrschaft in Irland gezogen hätte. Gladstone verfehlte sein Ziel. Aber so knapp, daß die Niederlage schon als Sieg erscheinen mußte, in Anbetracht der Tatsache, daß nur wenige Jahre früher, bevor Parnell auf die politische Bühne trat, ein Home Rule Gesetz dem britischen Unterhaus geradezu aberwitzig erschienen wäre. Als Gladstone 1892 einen erneuten Versuch machte, Irlands Autonomie durchzusetzen, war Parnell, der wichtigste Promoter von Home Rule, schon tot, und sein spektakulärer Fall hatte die Bewegung gespalten, so daß sie keine Durchsetzungs- und Überzeugungskraft mehr hatte.

Der von Parnell eingeschlagene parlamentarische Weg zu einem unabhängigen irischen Nationalstaat war verschüttet. Die irische Unabhängigkeit sollte noch viel Blut kosten und durch die Spaltung des Landes eine klaffende Wunde behalten.

Parnells immense politische Bedeutung gab seiner privaten Liebesgeschichte tragische Dimensionen, die sich im Alltag der Liebenden zunächst jedoch kaum abzeichneten. Katies und Parnells Zusammenleben vollzog sich in großer Abgeschiedenheit. Beiden waren gesellschaftliche Veranstaltungen zuwider, Parnell hatte viele Hobbys, denen er sich inbrünstig widmete, soweit es die Politik erlaubte; Katie hatte die Kinder, den Haushalt und Tante Ben, der sie täglich Gesellschaft leistete. Oft, wenn sie wußte, daß Parnell sprechen würde, fuhr sie nach London zu den Unterhaussitzungen. Wegen ihrer häuslichen Verpflichtungen konnte sie vorher nie genau sagen, wann sie dort sein würde, sobald sie jedoch auf der Ladies Gallery Platz genommen hatte und hinunterschaute, sah sie, wie Parnell die Hand zu der weißen Rose an seinem Revers führte – seit sie sich kannten, trug er stets eine weiße Rose im Jackett – zum Zeichen, daß er ihre Gegenwart wahrgenommen hatte, obgleich er sie unmöglich durch das Sperrgitter hätte sehen können. Zwischen den beiden war eine Telepathie, ein Magnetismus, der sie unweigerlich auch in völlig unerwarteten Situationen zusammenführte. Normalerweise treffen sie sich natürlich auf Absprache. Die Unterhaussitzungen sind zu jener Zeit noch von unbegrenzter Dauer, und oft hat Katie den Wunsch, Parnell abends oder nachts abzuholen, um den Weg von London nach Eltham gemeinsam mit ihm zurückzulegen. Die unbestimmte Wartezeit verbringt sie meist, um unerkannt zu bleiben, in einem der Londoner Bahnhöfe. In Charing Cross oder Waterloo, in Clapham oder Victoria ist den Bahnwärtern diese mysteriöse Frauengestalt schon vertraut. Manchmal lassen sie den Wartesaal ihretwegen ein wenig länger auf als üblich. Wenn sie dann doch schließen müssen, geht Katie auf dem Bahnsteig auf und ab, bis Parnell kommt.

Gelegentlich bringt Willie O'Shea gewisse Aufregungen in die ruhige, harmonische Romanze, entweder wird er aufsässig, weil Parnell ihm nicht genug politische Rückendekkung gibt, oder weil eine Zeitung hat durchblicken lassen, wo und mit wem der große irische Führer gesehen wurde. Dann werden Beteuerungen verlangt und gegeben, daß es keine Ursachen für einen Skandal gäbe, dann wird versichert, daß Parnell nicht in Eltham lebe und auch nicht mit Katie und den Kindern die Ferienmonate an der englischen Südküste verbracht habe, wenngleich all das selbstverständlich der Fall war. Und wie verhält Willie sich zu der Tatsache, daß Katie 1883 wieder eine Tochter zur Welt bringt und ein Jahr später eine weitere? Tut er so, als ob es seine Kinder wären? Auf jeden Fall werden die Töchter auf den Namen O'Shea eingetragen.

Mitunter gibt es zwischen Hauptmann O'Shea und dem irischen Führer geplante Zusammenkünfte in Eltham, immer dann, wenn wichtige parteipolitische Fragen, sprich die Absicherung von Willies Parlamentssitz, zu erörtern sind. Katie wird sich später an einen Abend erinnern, an dem sie heftig zu dritt debattiert hatten. Nach stundenlangem Diskutieren, als sie endlich zu Bett gehen wollte, lief Willie, noch immer redend, ihr ins Schlafzimmer hinterher. Das war Parnell zuviel. Er folgte den beiden, zog die Geliebte wortlos in die Arme und trug sie in sein Zimmer hinüber.

Katie ließ sich von der stummen, nur in seinen Augen flammenden Leidenschaft ihres Liebhabers widerstandslos mitreißen. Ihr eigenes Temperament war dem seinen gegenüber eher passiv, vermittelnd, wägend, und doch auch willensfähig und loyal. Auch wo sie Parnell nicht verstand, akzeptierte sie ihn, und sie schützte und tolerierte ihn in seinen Schwächen und Obsessionen. Wenn er an Schlafstörungen litt und verstört und angstbesessen aufwachte, nahm sie ihn in die Arme. Wenn ihm ein besonderer Anblick Unbehagen verursachte, beseitigte sie das störende Objekt. Vor allem haßte Parnell die Farbe grün, die ihm als irische Nationalfarbe ständig begegnete. Man schenkte ihm grüne Taschentücher, hatte ihm eine prächtige grüne Decke ins Gefängnis geschickt, überhäufte ihn auf Schritt und Tritt mit Kleeblättern und anderen grünen Emblemen. Grün, meinte Parnell, bringe Unglück. Als er auf Katies Kaminsims eines Tages ein grünes Notizbuch – es war ihr Tagebuch – liegen sah, warf er es in spontaner Abneigung ins Feuer. Grün konnte der irische Führer nur in der freien Natur ertragen. Überhaupt fühlte er sich in der Natur am wohlsten. Er liebte Pferde und Hunde, ging auch jedes Jahr ein paar Tage auf Jagd in Avondale, seinem irischen Familiensitz in den Wicklow-Bergen. Doch genauso liebte er das Meer, besonders wenn es stürmisch war und die Brandung die Küste entlang schäumte. Mit Katie verbrachte er viele Urlaube an der englischen Südküste. Er war ein guter Schwimmer, und einmal, an einem warmen Maitag, zog er die wasserscheue, vollbekleidete Katie mit sich in die Wellen, soweit, daß sie keinen Boden mehr unter den Füßen hatte und er sie wieder an Land tragen mußte. Ein andermal ging er in einer stürmischen Nacht mit Katie bis zum Ende des Kais von Brighton, hob sie plötzlich auf, hielt sie mit ausgestreckten Armen übers Meer und fragte, ob sie ihrem Leben hier und jetzt ein schönes gemeinsames Ende machen sollten. Katie blieb ganz reglos. Sie wußte, daß er bereit war, sich mit ihr in die Flut hinunterzustürzen. Ruhig und lachend fragte sie: »Und die Kinder?«, und er setzte sie auf die Mole zurück.

Parnells Verhalten hatte nicht die Willkür eines Hasardeurs, sondern, in Katies Augen, die Absolutheit und Bedingungslosigkeit eines Kindes. Kindlich schienen ihr sein Ungestüm, seine originellen selbstgefertigten Geschenke für sie, seine grenzenlose Bewunderung. In ihren lange nach Parnells Tod veröffentlichten Memoiren (1914) schrieb sie: »Ich habe gegen unsere Liebe gekämpft, aber Parnell kämpfte nicht dagegen. Ich habe mit meinen Kindern und mit seiner Arbeit gegen unsere Beziehung argumentiert, aber er antwortete: ›Wohl oder übel, ich bin dein Gatte, dein Geliebter, deine Kinder, dein Alles. Und ich will mein Leben Irland geben, aber dir gebe ich meine Liebe, sei sie dein Himmel, oder deine Hölle. Es ist das Schicksal, ich wußte es, als ich dir zum erstenmal in die Augen sah‹.«

Mitte der achtziger Jahre ist Katie als Unterhändlerin zwischen Parnell und Gladstone tätig. Diese beiden hochkarätigen, in ihrer Wesensart aber völlig verschiedenen Politiker mögen sich nicht, solange sie jedoch politisch an einem Strang ziehen, müssen sie sich miteinander arrangieren und verständigen. Die hübsche, selbstbewußte und taktisch kluge Katie ist eine ideale Diplomatin. Wann immer sie den großen alten Mann der englischen Liberalen in Parnells Namen in Westminster aufsucht, wird sie höchst zuvorkommend von Gladstone empfangen. Sie weiß, daß er weiß, daß ihr persönliches Interesse nicht der irischen Politik, sondern ausschließlich Parnell gilt. Gladstone, ein Vollblutpolitiker von großem persönlichen Charme und charmanter Unaufrichtigkeit, ist, wie die meisten Abgeordneten, über Parnells Verhältnis mit Katharine O'Shea informiert. Selbstredend wird darüber geschwiegen, aber jeder weiß, wo Parnell im Zweifelsfall zu finden ist, bestimmt nicht in seinem Londoner Quartier und nur noch sehr selten in Avondale, seinem irischen Familiensitz in den Wicklow-Bergen. Nur Hauptmann O'Shea sieht nichts, hört nichts, weiß nichts. Im Frühjahr 1886 sichert Parnell dem Mann seiner Geliebten, die in seinen Augen seine Ehefrau ist, einen Parlamentssitz für Galway. Er zwingt seiner Partei diesen Kandidaten auf, den er selbst für gänzlich untauglich hält, und erstmals werden Stimmen aus den eigenen Reihen laut, die vom Schweigegeld für den gehörnten Ehemann und von Erpressung sprechen.

Parnell reagiert auf solches Gerede nicht. Er ist nicht der Mann, der sich entschuldigt oder erklärt. Manchmal, wenn er sich im Zusammensein mit Katie für eine wichtige Versammlung, auf der Hunderte, vielleicht Tausende von Menschen ihn erwarten, verspätet und Katie ihn drängt, doch wenigstens ein Telegramm zu schicken und sich zu entschuldigen, antwortet er ihr: »Erkläre Dich nie, entschuldige Dich nie. Wie könnte ich denn diesen wilden Haufen (seine Partei) beisammenhalten, wenn ich nicht über so menschliche Schwächen wie Entschuldigungen erhaben wäre.« Nicht umsonst nannte man ihn den ungekrönten König von Irland.

Niemals griff Parnell zum Mittel der Selbstverteidigung. Wer ihm Unrecht tat, würde sich letzten Endes selber bloßstellen, das war seine Erfahrung und die sollte sich bald auf eklatante Weise bestätigen und Parnell einen ungeheuren Triumph über alle Widersacher bringen.

Im Mai 1887 veröffentlichte die Londoner *Times* mehrere Briefe, angeblich von Parnell geschrieben, die dessen Verwicklung in den Mord im Phoenix Park, fünf Jahre zuvor, belegen sollten. Die britische Regierung setzt eine Sonderkommission ein, um den Fall zu prüfen. Auch Willie O'Shea wird zu der Echtheit der Briefe befragt und bestätigt sie. Parnell enthält sich jeder öffentlichen Äußerung dazu. Im Februar 1889 wird der Fälscher der Briefe entlarvt, und er begeht Selbstmord. Als Parnell nach dem Abschlußbericht der Sonderkommission das Unterhaus betritt, erheben sich die Abgeordneten, selbst viele aus der Opposition, in frenetischem Applaus für den rehabilitierten Führer der irischen Parlamentspartei. Katie hätte diesen Triumph gern miterlebt, war zu Hause aber nicht abkömmlich. Die Nachricht von den überwältigenden Ovationen dringt bis nach Eltham, noch bevor Parnell von der Sitzung zurückkehrt. Ob er nicht stolz und glücklich gewesen sei, möchte Katie wissen. Er lächelt sie an und sagt: »Wenn sie nur könnten, würden sie mir morgen schon alle an die Kehle gehen.«

Wie prophetisch seine Vermutung war, konnte Parnell in diesem Augenblick noch nicht ahnen. Die Schlüsselfigur zu seinem weiteren Geschick saß auch nicht in Westminster und nicht in Irland, versah kein Amt und betrieb keine Politik, sondern lag ruhig in ihrem großen Haus am Park von Eltham und hauchte ein fast einhundert Jahre währendes Leben allmählich aus. Mrs. Benjamin Wood, Tante Ben, starb am 19. Mai 1889 siebenundneunzigjährig. Noch bevor sie die Augen für immer schloß, hatte sie erleben müssen, daß ihre Neffen und Nichten, Katies Geschwister, ihr geistige Unzurechnungsfähigkeit zu unterstellen versuchten, um das Testament, das Katie zur Alleinerbin ihres Millionenvermögens machte, anzufechten. Katie, um den Seelenfrieden der alten Dame mindestens ebenso besorgt wie um ihr Erbe, schaltete Gladstone höchstpersönlich ein, er möge seinen Leibarzt schicken, damit dieser die Zurechnungsfähigkeit von Mrs. Wood bescheinige. Gladstone kam ihrem Gesuch nach. So starb Tante Ben beruhigt und erlöst in den Armen ihrer geliebten Nichte. Erspart blieb der hochmoralischen Viktorianerin die Kenntnis von Katharines und Parnells Liebesverhältnis. Gerüchten dieser Art hatte sie zu keiner Zeit Glauben geschenkt. Katie hatte ihr den berühmten irischen Politiker einmal vorgestellt. Er war ihr angenehm gewesen, ein Mann von feinem Aussehen und gutem Benehmen und offensichtlich ein positiver Einfluß auf Willie. Das genügte ihr. Und hatte Katie sie nicht immer wieder um finanzielle Unterstützung für Captain O'Shea gebeten? Hätte eine untreue Ehefrau das getan? So etwas gab es nicht in Mrs. Woods konventionell geregelter Vorstellungswelt.

Aber nun, da sie tot war, gab es keinen Grund mehr, aus Rücksicht auf ihre Millionen einen öffentlichen Skandal zu vermeiden. Im Gegenteil, von Katies Geschwistern darin bestärkt, rechnete Willie O'Shea sich von einem Skandal nunmehr Vorteile aus. Seit längerem bereits war er in das Lager jener englischen Politiker übergewechselt, allen voran Joseph Chamberlain, die ein Interesse daran hatten, Parnell kaltzustellen.

Die Millionenerbin Katharine O'Shea und der unverwundbar scheinende Parnell hatten eine gemeinsame Achillesferse, den jahrelang vollzogenen Ehebruch. Und von allen sich geschädigt Fühlenden hatte einer die Möglichkeit zu handeln: Willie O'Shea.

Just zu dem Zeitpunkt, als Parnell und Gladstone in einer ersten direkten Verhandlung unter vier Augen in der Privatresidenz des britischen Premierministers im Dezember 1889 gemeinsam die Weichen für eine neue Home Rule Offensive gestellt hatten und Parnell im Zenit seiner politischen Laufbahn stand, ließ Captain O'Shea die Bombe platzen. Am Heiligabend 1889 reichte er die Scheidungsklage ein. Nach neun Jahren des Stillschweigens und Wegsehens waren William O'Sheas Augen, Ohren und Mund plötzlich weit geöffnet, um die Welt wissen zu lassen, daß Charles Stewart Parnell, sein politischer Mitstreiter, sein vermeintlicher Freund, der große irische Führer, ihn hinterhältig betrogen hatte.

Das längst Bekannte, worüber man geschwiegen und naturgemäß hier und da auch gemunkelt und gerätselt hatte, stand jetzt in allen Zeitungen, war in aller Munde, war ein Politikum. Und noch bevor die Scheidungsklage in Kraft trat, hatte Katies Verwandtschaft das Testament der verstorbenen Mrs. Wood erneut angefochten und seine Vollstreckung vereitelt, so daß Katie nicht nur ohne Einkommen war, sondern auch ohne Zugriff auf das Allheilmittel gegen Willies Drohungen: Tante Bens Scheckbuch.

Zu dem Zeitpunkt der Scheidungsklage lebten die beiden Beklagten nicht mehr in Eltham. Nach Mrs. Woods Tod gab es keinen Grund mehr für ihren weiteren Verbleib dort, und sie zogen in ein Haus in Brighton in der Walsingham Terrace mit Blick aufs Meer, das sie beide so liebten und das ihrer angegriffenen Gesundheit zugute kam. Und wie reagierten sie auf Willies Klage? Parnell erklärte seinem Anwalt schlicht und einfach, er habe keinen Ehebruch begangen. Das war und blieb seine Sicht der Dinge. Katie erhob Gegenklage. Sie beschuldigte O'Shea der Duldung, der Erpressung, der Vernachlässigung, der Grausamkeit und des Ehebruchs in siebzehn Fällen, darunter mit ihrer Schwester Anna Steele. Seinen politischen Freunden gegenüber äußerte Parnell, der Prozeß werde für ihn keine Konsequenzen haben, die Gegenseite wisse nicht, was für einen lahmen Gaul sie reite.

Täuschte Parnell sich so sehr, oder hoffte er, es werde doch noch eine Möglichkeit geben, Willie O'Shea mit Geld zur Rücknahme der Klage zu bewegen? Noch einen Tag vor der Gerichtsvernehmung machte Katie ihrem rechtlichen Ehemann ein Angebot von rund einer Million Pfund (nach heutigem Wert gerechnet), zu zahlen, sobald das Testament vollstreckt sei.

Aber O'Shea lehnte ab.

Am Vorabend des Prozesses lag Katie mit stechenden Kopfschmerzen im Bett, neben ihr saß ein heiterer Parnell, der ihr ein Glas Moselwein reichte und ihr auszureden versuchte, vor Gericht die Gegenklage durchfechten zu wollen: »Nein, kleine Königin. Wozu? Wir wollen doch die Scheidung, und was auch geschieht, ich werde immer da sein, wo du bist.«

Dann liest er ihr ein wenig vor, damit sie einschläft, aber sie läßt sich nicht beruhigen, will ihn dazu bewegen, auf jeden Fall vor Gericht zu erscheinen, fürchtet, daß dieser Prozeß Parnells politisches Lebenswerk zerstören könnte. Noch einmal redet er ihr zu: »Beruhige Dich, Liebste. Die ganzen Jahre haben wir auf diese Freiheit gewartet und jetzt fürchtest du Dich! Mach dir keine Sorgen und keine Vorwürfe wegen meiner öffentlichen Rolle. Ich habe Irland gegeben und werde das weiter tun, was ich zu geben vermag. Dazu habe ich mich verpflichtet. Aber mein Privatleben wird niemals einem Land gehören, sondern einer Frau.« Erschöpft schläft Katie ein, und als sie am folgenden Morgen aufwacht, ist es schon spät, Parnell hat Tee, Toast und Briefe an ihr Bett gebracht und sagt, er habe dem Anwalt per Telegramm mitgeteilt, daß sie nicht kämen und er die Sache vor Gericht regeln solle, »und jetzt werden sie sich dort wohl schon ziemlich gut amüsieren«.

Man amüsierte sich in der Tat und ganz und gar auf seine und Katies Kosten. Das Verfahren in dem bis zum Bersten gefüllten königlichen Gerichtshof verlief für die beiden katastrophal. William O'Shea konnte, mit Hilfe seines Anwalts und ein paar geschickt ausgesuchten Zeugen, das Gericht von seinem langen Leidensweg als betrogener Ehemann und Freund überzeugen. Da die Beklagten abwesend waren und mit ihrem Anwalt keine Verteidigung vorbereitet hatten, gab es keine Kreuzverhöre, blieben die Lücken und Widersprüche in der Beweisführung offen. Obwohl die informierte Öffentlichkeit kaum Zweifel an O'Sheas Duldung des Ehebruchs hatte, wurde nicht einmal der Versuch gemacht, dies nachzuweisen. Statt dessen gelang es der Anklage, die Beschuldigten ins übelste Licht zu rücken. Caroline Pethers, eine zeitweilige Köchin in O'Sheas Haushalt, schilderte vor

Gericht, wie Parnell bei einem unverhofften Auftauchen des rechtlichen Ehemannes über den Balkon und eine Feuerleiter in den Garten geflohen sei, um zehn Minuten später an der Haustür zu klopfen und einen Besuch bei Captain O'Shea anzumelden. Eine aus der Luft gegriffene Geschichte (das betreffende Haus hatte keine Feuerleiter), jedoch so publikumswirksam, daß sie noch lange Zeit die Phantasie der Boulevardblätter und Verseschmieder beschäftigte.

Ein Hausvermieter aus Brighton wußte zu berichten, daß Parnell, der, um anonym zu bleiben, unter verschiedenen Tarnnamen seine Reisen zu buchen und in Hotels abzusteigen pflegte, an einem Tag als Mr. Fox ein Haus mieten, am nächsten Tag als Mr. Stewart den Vertrag unterschreiben wollte. Großes Gelächter im Saal. Kein Widerspruch.

Wenn O'Shea wirklich all die Jahre hindurch der ahnungslose Ehemann war, so mußte Katharine, die in dieser Zeit drei Kinder geboren hatte, mit zwei Männern sexuelle Beziehungen unterhalten haben. Das wurde stillschweigend vorausgesetzt; später kursierte das Wort von der britischen Hure. O'Shea wurde das Sorgerecht für die zwei zuletztgeborenen Kinder, die zweifellos Parnells Töchter waren, zugesprochen. Die Frage, ob O'Shea die ganze Zeit für den Unterhalt seiner Familie aufgekommen sei, erwiderte dieser mit »selbstverständlich«. Katies Beschuldigungen der Vernachlässigung, der Grausamkeit und des Ehebruchs wies er entrüstet zurück, und der Richter entschied, daß es keinen Grund gäbe, dem Hauptmann nicht zu glauben.

Die Gerichtsanhörung des Falles O'Shea gegen O'Shea endete mit dem provisorischen Scheidungsurteil, das ein halbes Jahr später in Kraft treten sollte.

Zwei Tage darauf, als der Anwalt das Scheidungsurteil nach Brighton bringt, möchte Parnell es am liebsten rahmen lassen, endlich sind Katie und er frei, um bald zu heiraten und die gemeinsame Zukunft zu planen.

Die Zukunft dauerte noch ganze elf Monate. Nach dem Scheidungsskandal ist Parnell politisch ruiniert. Seine Partei spaltet sich in Parnelliten und Anti-Parnelliten, die letzteren weit in der Mehrzahl. Gladstone läßt ihn fallen, mit einem Ehebrecher kann er nicht in den Wahlkampf gehen, die katholische Hierarchie in Irland verdammt ihn vollends, und auch die Presse, die Parnells Aufstieg begeistert begleitet und gefördert hatte, wendet sich gegen ihn. Diejenigen, die ohne Parnells Führung um Irlands Zukunft fürchten, versuchen vergebens ihn dazu zu bewegen, vom Parteivorsitz vorübergehend zurückzutreten, bis sich die Wogen der moralischen Entrüstung geglättet haben. Aber Parnell bleibt eisern auf dem Posten. Er fühlt sich im Recht und hat bisher erfahren, daß das Recht sich schließlich durchsetzt. Diesmal täuscht er sich. Seine Heirat mit Katharine O'Shea im Juni 1891 tut nichts, um die aufgebrachten Gemüter zu beschwichtigen. Im Gegenteil, sie besiegelt den Tatbestand des Ehebruchs und ist in den Augen der irischen Katholiken ein weiteres Vergehen.

In seiner häuslichen Umgebung in Brighton mit Katie und den Kindern scheint Parnells Heiterkeit und Lebensfreude unbegrenzt. Die Bediensteten haben ihn nie so gelassen, so glücklich erlebt. Bei seinen öffentlichen Auftritten indes zeigt er Gereiztheit und Irritationen. Aber nichts bringt ihn davon ab, bei drei anstehenden Nachwahlen in Irland auf Wahlkampf für seine Partei zu gehen. Dabei kommt es zwischen Parnelliten und Anti-Parnelliten zu erbitterten Tumulten, oft ist »Kitty O'Shea« das Spottobjekt der Menge. Obgleich keiner ihrer Angehörigen oder Parnell sie jemals Kitty nannten, macht diese auf Gassenniveau gebrachte Namensvariante landauf landab die Runde.

Parnell reist wöchentlich von Brighton über London, Holyhead nach Dublin, von dort in die irischen Wahlkreise und wieder zurück. Er ist völlig erschöpft, wird krank, läßt sich aber keine Zeit zur Pflege. Katie scheut sich, ihn mit Gewalt zu Hause zu halten. Er hat ihr einmal das Versprechen abverlangt, ihn niemals weniger stark sein zu lassen als er ist.

Parnell, der willensstarke und selbstdisziplinierte Mann, hat einen Horror vor Schmerzen, Krankheit und Tod. Jeder Anblick von Leid erfüllt ihn mit Haß und Empörung. Vielleicht war diese Obsession einer der Gründe, warum er sich entschloß, gegen das Elend der Iren zu kämpfen.

Am 30. September 1891 kommt er von einer Wahlkampfreise aus der Grafschaft Galway nach Brighton zurück. Er hatte in dem kleinen Ort Creggs im strömenden Regen auf der Plattform gestanden und dann stundenlang mit nassen Kleidern im Zug gesessen. In der Walsingham Terrace schafft er den Weg zum Schlafzimmer nicht mehr allein. Das Fieber dauert nur ein paar Tage.

Am Abend des 6. Oktober 1891 stirbt Charles Stewart Parnell, fünfundvierzig Jahre alt, in Katies Armen. Zuletzt hört sie ihn sagen: »Küß mich, mein süßes Eheweibchen, und ich will versuchen ein wenig zu schlafen.« Tage später flattert über dem aufgebahrten Sarg in Dublin ein Banner mit der Aufschrift: »Meine Liebe den Kameraden und dem irischen Volk«. Es hieß, dies seien seine letzten Worte gewesen.

## *Rote Rose, stolze Rose, traurige Rose all meiner Tage*

William Butler Yeats und Maud Gonne

Sie kommt über die Gangway wie über eine Bühne. Die hochgewachsene schlanke Gestalt ist tief schwarz gekleidet, der Kopf von einem dunklen Schleier umhüllt. Die Menschenmenge, die sich an diesem stürmischen Oktobermorgen 1891 am Pier von Kingstown versammelt hat, um den toten Parnell zu empfangen, ist für einen Augenblick abgelenkt. Wer ist diese Frau, muß man die Trauer um den irischen Führer so theatralisch zur Schau stellen? Ein etwas hochnäsig wirkender junger Mann geht ihr entgegen, führt sie zu einer Droschke und fährt mit ihr in Richtung Dublin davon.

Maud Gonne und William Butler Yeats frühstücken im Hotel Nassau in der South Frederick Street. Willie ist glücklich über die Rückkehr der Freundin aus Frankreich. Ihr letztes Zusammensein liegt drei Monate zurück. Maud hatte ihm – er war gerade außerhalb Dublins auf Besuch gewesen – von einem Traum geschrieben, einem Traum, in dem sie beide als Bruder und Schwester nach Arabien in die Sklaverei verkauft worden waren. Er hatte darin eine Botschaft gesehen, die Zeichen einer Schicksals- und Lebensgemeinschaft, war nach Dublin geeilt, hatte Mauds Hand genommen und sie gefragt, ob sie ihn heiraten wolle. Ohne ihm die Hand zu entziehen hatte Maud geantwortet, sie könne nicht heiraten, werde niemals heiraten, doch möchte sie ihn um seine Freundschaft bitten. Dann war sie ganz plötzlich ohne Vorwarnung nach Frankreich abgereist, angeblich in einer dringenden politischen Angelegenheit.

All das geht Willie durch den Kopf, während er ihr beim

Frühstück übersprudelnd von seinem neuen Theaterstück erzählt. Es heißt *Countess Cathleen*, und seine Hauptfigur, eine Frau, die ihre Seele verkauft, um ihr Volk zu retten, ist von Maud inspiriert. Maud hört ihm aufmerksam zu, doch sie ist übernächtigt und erschöpft. Sie hat im Moment keine konkreten Pläne, ihre subversive Arbeit in der Grafschaft Donegal kann sie jetzt nicht wieder aufnehmen, es liegt ein Haftbefehl gegen sie vor. Sie hatte übrigens nicht gewußt, daß ihre Nachtfähre von Holyhead nach Kingstown den toten Parnell überführte. Sie hatte auch nicht vor, zur Beerdigung zu gehen, denn mit Parnells Politik war sie seit langem nicht mehr einverstanden gewesen, er war ihr viel zu kompromißbereit. Unbegreiflich, wie er und seine Partei endlos mit unglaubwürdigen englischen Politikern verhandeln konnten, während die Schergen der Grundbesitzer, Männer wie Captain Boycott, die zahlungsunfähig gemachten Pachtbauern samt ihren Familien von Haus und Hof ins Elend, in die Armenhäuser und in den Tod trieben. Monatelang hatte Maud, selbst dem gesundheitlichen Ruin nahe, sich um das Schicksal der Verjagten gekümmert, hatte Hilfsunterkünfte für die obdachlosen Familien organisiert, hatte in ganz Irland und in Frankreich gegen die englische Regierung agitiert und Geld für die Landliga zusammengetrommelt. Sie glaubte nicht an Parnells parlamentarischen Weg, sie war für direkte Aktionen. Im Gespräch mit Willie entschließt sie sich nun aber doch, zu Parnells Beerdigung zu gehen. Schließlich gilt es einen großen Freund der irischen Freiheit und einen erbitterten Feind der britischen Regierung zu betrauern. Yeats, von Parnell überzeugter als Maud Gonne und von seinem Tod tiefer berührt als sie, geht nicht zur Beerdigung. Er kann Massenveranstaltungen dieser Art nicht ertragen.

Als Parnells Sarg am Abend des 11. Oktober in die Erde gelassen wird und Maud durch den plötzlich aufreißenden

*Maud Gonne*

Himmel eine Sternschnuppe leuchten sieht, geht es ihr wie ein Refrain durch den Kopf: Aus Tod entsteht Leben, aus Tod entsteht Leben, immerfort. Durch Parnells Tod wird eine neue Bewegung entstehen – das ist die eine Bedeutung ihres Refrains, die andere, die ganz persönliche, wird Willie Yeats erst Jahre später von der Freundin erfahren.

Yeats erinnert sich, daß er bereits eine vorausahnende Aufregung empfand, als er zum erstenmal den Namen Maud Gonne las. Die Dichterin Ellen O'Leary hatte ihm brieflich von einem bildhübschen Mädchen erzählt, das in Dublin von sich reden machte, die Tochter eines britischen, in Irland stationierten Offiziers, die der vizeköniglichen Gesellschaft am Dublin Castle den Rücken gekehrt hatte, um Verbindung zu der nationalen irischen Bewegung aufzunehmen. Zwangsläufig war sie dabei auf John O'Leary gestoßen, Ellens Bruder, den großen, weisen Fenier, Herz und Gewissen der nationalen Bewegung in Irland; ein Mann, der fünf Jahre lang wegen Beteiligung am Aufstand der Fenier im Zuchthaus gesessen und fünfzehn weitere Jahre im französischen Exil verbracht hatte. O'Leary verfluchte mit Inbrunst und Leidenschaft Irlands Feinde, er hatte sein Leben für Irlands Freiheit aufs Spiel gesetzt, doch nichts war ihm heiliger als die Würde des Menschen: »Es gibt Dinge, die ein Mann nicht tun darf, selbst um ein Volk zu retten.« Diese Mahnung richtete er auch an Maud, die eines Abends im *Contemporary Club* erschienen war, wo Frauen gemeinhin nichts zu suchen hatten, um die hitzigen Debatten bis in die Morgenstunden hinein zu verfolgen. Auf ihre Frage, wie sie für Irlands Freiheit tätig werden könne, hatte O'Leary ihr geantwortet: »Sie müssen lesen. Ich gebe Ihnen Bücher über die Geschichte und die Literatur unseres Landes, die müssen Sie lesen, und dann müssen Sie darüber sprechen und Vorträge halten.«

*William Butler Yeats*

Er gab ihr auch, da sie im Begriff war, über London nach Frankreich zu reisen, ein Empfehlungsschreiben für einen Besuch bei John B. Yeats mit, einem Maler, der mit seiner Familie vor ein paar Jahren nach London gezogen war und dessen ältester Sohn William zu den vielversprechendsten jungen irischen Dichtertalenten zählte. O'Leary hatte den jungen, unsicheren Mann nach Kräften gefördert, hatte Subskriptionen für die Publikation seines ersten Gedichtbandes zusammengebracht, hatte ihm Bücher gegeben und ihn mit Leuten der Jungirland Gesellschaft bekannt gemacht, dem keltischen Gelehrten Douglas Hyde, der Dichterin Katharine Tynan, dem großen Redner John F. Taylor.

Das Datum 30. Januar 1889 prägte sich tief in die Erinnerung von William Butler Yeats ein. An diesem Tag hielt vor dem Yeats'schen Haus am Bedford Park im Londoner Stadtteil Chiswick eine Droschke, und ihr entstieg eine Frau von solcher Schönheit, wie sie dem jungen Yeats nur in Bildern und Legenden, nicht aber im wirklichen Leben möglich zu sein schien. Was an jenem Nachmittag gesprochen wurde, weiß er nicht mehr. Nur, daß sein Vater die militante Einstellung der jungen Besucherin rügte und seine Schwester Lily sich darüber mokierte, daß die göttliche Schönheit unter ihrem modischen Gewand Hauspantoffeln trug.

»Ich war dreiundzwanzig Jahre alt, als der Kummer meines Lebens begann«, schrieb William Butler Yeats später in seinen Memoiren. Freilich begann an diesem 30. Januar 1889 für ihn auch eine Zeit tiefster Erregung und höchster Freude und Erwartung.

Maud lud den jungen Willie – in ihren Augen war der dreiundzwanzigjährige Dichter praktisch ein Junge, obgleich immerhin ein Jahr älter als sie selbst – zu sich zum Abendessen ein. In der Ebury Street hatte sie für die kurze Dauer ihres Aufenthalts in London ein paar Zimmer gemietet. Schon am Abend nach der ersten Begegnung war Willie hier ihr Gast. Wieviel er an jenem und an den Folgeabenden über Maud Gonnes bewegtes Leben erfuhr – ob sie ihm berichtete von den Kinderjahren in Howth, von dem frühen Tod der Mutter, von den schönen Reisen mit dem geliebten Vater, der zu früh starb, um seinen Wunsch wahrzumachen, die britische Armee zu verlassen und als Politiker für Home Rule einzutreten, oder ob sie nur darüber redete, wie sie sich vorstellte, dem niedergedrückten, ausgebeuteten und betrogenen irischen Volk zu helfen – in Willies Erinnerung verdichtete sich alles in einem einzigen Bild: dem Bild einer Frau von der Gestalt einer griechischen Göttin, mit einem Teint wie dem Schimmer von Apfelblüten, durch die das Licht fällt, und einer anmutigen Bewegung, mit der sie am Fenster ein paar Blumenzweige richtet. In ihrem Zimmer standen Käfige mit allerlei Vögeln, eine große dänische Dogge lag am Kamin, und da war ein Äffchen, das auch zu der Menagerie gehörte, mit der Maud durch die Lande und die Kontinente zu reisen pflegte.

Für Yeats symbolisierte Maud Gonne ein überirdisches Wesen, sie war die Inkarnation mythischer Schönheit und Kraft. Ihre Nähe verzauberte und beunruhigte ihn. Wie dürftig nahm sein eigenes, von Unsicherheiten und Dichteragonien, von materiellem Mangel und spiritueller Suche gezeichnetes Leben sich aus neben dieser hohen Lichtgestalt! Von Anfang an mischten sich in seine schicksalhafte Verliebtheit Melancholie und Zweifel, die zur Verzweiflung wurden.

Wie oft er Maud in den Folgejahren gesehen hat, weiß er nicht. Unzählige Male, in London, in Dublin und manchmal auch in Paris. Gelegentlich waren sie gemeinsam gereist, um in der irischen Provinz Bibliotheken mit nationaler Literatur einzurichten, um Stätten keltischer Mythologie aufzusuchen oder um an spiritistischen Veranstaltungen teilzunehmen. Maud hatte sich an dem Gedanken der Wiedergeburt merkwürdig entzündet und war kurz nach Parnells Beerdigung gemeinsam mit Willie nach London gereist, um dem Orden der goldenen Morgenröte beizutreten, dem Yeats, der sich schon jahrelang mit okkulten Dingen und theosophischer Philosophie beschäftigte, bereits angehörte. Sein Freund George Russell hatte über Möglichkeiten der Wiedergeburt von verstorbenen Kindern gesprochen, Maud war überaus interessiert, wollte mehr erfahren. Doch die komplexe Zeichensymbolik und die streng ritualisierte Magie des Ordens enttäuschten Maud, ließen ihr zuwenig Raum für den freien Willen und die eigene Phantasie, außerdem störte sie sich an der Verbindung des Ordens zu den britischen Freimaurern. Mit diesen Feinden der irischen Freiheit wollte sie nichts zu tun haben. Zu Yeats' Betrübnis trat sie schleunigst wieder aus. Yeats bedauerte es deshalb so sehr, weil ihm die Freundin niemals näher war als in gemeinsamen okkulten Experimenten. Beide hatten sie von Kindheit an Visionen und bedeutungsschwere Träume gehabt. Beide besaßen sie telepathische Fähigkeiten und konnten sich willentlich in die astrale Sphäre begeben und sich dort begegnen. Nicht selten fühlten sie sich durch diese Träume zusammengeführt, und jedesmal schöpfte Yeats Hoffnung, Maud werde einwilligen, auch im irdischen Hier und Jetzt sein Leben zu teilen. Einmal, auf einer Reise nach Sligo, wo er viele Sommer seiner Kindheit bei den Großeltern verbracht hatte und das er liebte wie keinen anderen Ort, besuchte er unterwegs den Freund Douglas Hyde in der Grafschaft Roscommon. In der Nähe der Stadt Boyle entdeckte er das von hohen Wäldern umgebene Lough Key und mittendrin, auf einer Insel, ein wunderschönes altes Schloß, an dem seine Phantasie sich entzündete. Hier in diesem Schloß, fuhr es ihm durch den Kopf, hier möchte er mit Maud leben, er möchte mit ihr zusammen die alte, keltische Sagenwelt beschwören und mit deren Geist und Kraft die ganze gegenwärtige irische Kultur neu beleben. ›Castle of the Heroes‹ (Schloß der Helden) nannte er dieses Schloß seiner Träume und erzählte Maud ausführlich und begeistert davon.

Doch für Maud war die Anrufung der Geisterwelt nur ein Trost, Energie und Ruhe spendender Nebenschauplatz ihrer politischen Aktivitäten in Irland und England und immer wieder in Frankreich, wo sie eine feste Wohnung hatte und wohin sie oft monatelang entschwand. Yeats wußte, wieviel sie dort tat, um die französische Öffentlichkeit über die britische Irlandpolitik und deren Folgen für das Land zu informieren. Sie hielt Vorträge, schrieb Artikel, knüpfte wichtige Verbindungen zwischen irischen und französischen Gruppierungen. In England kämpfte sie um die Amnestie politischer Gefangener, Iren, die ohne rechtskräftige Beweise verurteilt, unter unmenschlichen Haftbedingungen in englischen Zuchthäusern und Arbeitslagern darbten. In Irland organisierte sie in den von Hungersnöten heimgesuchten und von der Willkür der Grundbesitzer gebeutelten Landstrichen Selbsthilfegruppen zur Beschaffung von Nahrung, Unterkunft und Arbeit. Nirgendwo versäumte Maud, Irlands Selbständigkeit zu fördern und Englands Ansehen zu schaden. Jeder Aufgabe, jedem von ihr neu ersonnenen Projekt, widmete sie ihre Kraft, ihren Mut, ihre Phantasie, ihren Charme und ihren Humor. Im armen Donegal und dem noch ärmeren Mayo ging die Legende von der Fee auf dem weißen Pferd, die von Vögeln umflattert durchs Land reitet und überallhin Sieg über die englischen Unterdrücker bringt.

In politischen und literarischen Kreisen Dublins freilich wird Maud realistischer eingeschätzt. Die einen werben um sie, weil sie mit ihrer Schönheit und ihrem Eifer die Massen anzieht und emotional mobilisiert, die anderen verurteilen sie als militante Aktivistin. Viele stören sich an ihrer Theatralik und ihren notorischen Selbstinszenierungen. O'Leary, der ihr den richtigen Weg zeigen wollte, hält sie inzwischen für eitel und sensationsgierig. Seine Weisheit reicht nicht aus, um zu begreifen, daß eine Frau, die in drei Ländern zu Hause ist, sich um Ungereimtheiten und Widersprüche nicht scheren muß. Wer in Frankreich die Verarbeitung von Donegal Tweed propagiert, dem darf deshalb nicht verboten sein, in Irland Pariser Mode zu tragen. Die Malerin Sarah Purser, sie ist mit Maud befreundet und hat ein prächtiges, wenngleich zu mädchenhaft-niedlich wirkendes Porträt von ihr gemalt, sagt zu Yeats: »In Paris spricht Maud Gonne über Politik, mit dir redet sie über Literatur und auf der Pferdeshow über eine famose Zuchtstute.«

Yeats verteidigt die Freundin gegen jede Kritik. Er ist eifersüchtig auf alle, mit denen sie in Berührung kommt, und wütend auf die, die sie nicht genug beachten und hochschätzen.

Manchmal erscheint ihm Mauds Blick vage und ausdruckslos, und Yeats weiß nicht, ob dieser unbestimmte Blick Weisheit bedeutet oder Abwesenheit oder Einsamkeit. Dieser Blick gehört zu der ganzen Rätselhaftigkeit, die ihn schmerzt und beunruhigt. Oft fühlt er sich Maud unsagbar nah, dann entgleitet sie ihm wieder, und er weiß nicht wohin. Yeats versucht dichtend seiner Besessenheit von dieser Frau Herr zu werden.

Wie viele liebten dich im heitren Licht
Und, weil du schön warst, sahn dich mit Begier,
Doch einer liebt' das Pilgerherz in dir,
Die Trauer in dem wechselnden Gesicht.

Schließlich versucht er auch, sich mit einer anderen Frau zu trösten. Fast dreißigjährig und noch immer unerfahren, beginnt er ein Verhältnis mit der unglücklich verheirateten

Olivia Shakespear. Als die attraktive und sensible Schriftstellerin merkt, daß Yeats im Grunde seines Herzens eine andere Frau liebt, trennt sie sich wieder von ihm. Bald darauf lernt Yeats die Frau kennen, die ihm Helferin und Freundin, Gönnerin und Beraterin (»Mutter und Freundin, Schwester und Bruder«, schreibt Yeats) bleiben soll bis zu ihrem Tod: Lady Gregory, eine vermögende Witwe, die in Coole, in der Grafschaft Galway ihren Wohnsitz hat und den an Herz und Seele verwundeten Yeats zu sich holt, ihn körperlich und seelisch aufbaut, ihm die reiche Sagenwelt Connemaras erschließt und später mit ihm die irische Theaterbewegung initiiert. Doch von seiner unglücklichen Liebe zu der »schönsten Frau Irlands« kann auch Lady Gregory Yeats nicht heilen.

Im November 1898, gut sieben Jahre nach Parnells Beerdigung, treffen Yeats und Maud Gonne sich wieder einmal zum Frühstück im Hotel Nassau in Dublin. Die vergangenen achtzehn Monate waren für sie beide sehr anstrengend und arbeitsreich gewesen. Sie hatten mit der Jungirland Gesellschaft und der Irisch Republikanischen Bruderschaft landesweite Großkundgebungen zum Gedenken der Helden des Aufstands von 1798 organisiert und spektakuläre Gegendemonstrationen zu den offiziellen Feierlichkeiten von Königin Viktorias Diamantenem Jubiläum initiiert. Alle diese Veranstaltungen sollten die seit Parnells Fall zersplitterten politischen Gruppen wieder zusammenbringen, die Bewegung konzentrieren und ihr neue Stoßkraft geben.

Yeats hatte seine Scheu vor Demonstrationen und Massenkundgebungen überwunden und sich zum Vorsitzenden des Komitees der Hundertjahrfeier wählen lassen. Wahrscheinlich hatte er es Maud zuliebe getan, um häufiger in ihrer Nähe zu sein, ihr zu imponieren und sie zu beschützen. Denn Maud, furchtlos und wagemutig, wich keiner Drohung durch Staats- und Sicherheitsorgane aus, ließ sich durch Bespitzelung nicht schrecken und auch nicht durch Versammlungsverbote. Lachend und erhobenen Hauptes schritt sie durch die wildesten Straßentumulte. Ihre Erschöpfungszustände und Lungenkrankheiten kurierte sie in Frankreich aus. In Amerika trommelte sie Geld zusammen für das Wolfe-Tone-Denkmal und weitere Gedenktafeln zu Ehren der Helden von 1798. Freilich waren die Großveranstaltungen der Hundertjahrfeier dann doch ein wenig enttäuschend gewesen für Maud. Man hatte sie nicht als Rednerin auf die Liste gesetzt. Irlands Jeanne d'Arc, wie man sie nannte, hatte keine politische Partei und keine starke Gruppierung hinter sich (ein paar Jahre später gründete sie ihre eigene Organisation, die Inghinidhe na hEireann, die ›Töchter Irlands‹), und sie war schließlich nur eine Frau, deren Schönheit man sich zunutze machte.

Die gemeinsame politische Arbeit hatte Yeats und Maud Gonne auch wieder zusammen spiritistisch aktiv werden lassen. Gegenseitig evozierten sie Träume, beschworen keltische Gottheiten, konsultierten Tarot-Karten. Maud schickte Yeats Erde von New Grange, der prähistorischen Kultstätte, und Wasser vom Boyne, dem ›heiligen‹ irischen Fluß, damit er Lippen, Augen, Ohren und Brust befeuchte und dadurch Visionen auslöse. Sie schrieb ihm: »Als ich heute durch Deine schöne Landschaft von Sligo fuhr, rief ich Dich, damit Du mir alles zeigst. Ich ging auf Dich zu und legte Dir die Hand auf die Schulter und bat Dich, mit mir zu kommen. Und dann standen wir im Abendlicht an dem wunderschönen See, und Du saßt im Wagen neben mir und fuhrst mit mir durch die Berge. Es klingt ein bißchen verrückt, aber Du wirst das nicht denken – sag mir genau, wo Du heute abend um 19 Uhr warst.« Ein andermal: »Es ist nicht fair, Dich um die ermüdende Komiteearbeit zu bitten, Deine oberste und wichtigste Aufgabe ist immer die Literatur. Sie gehört Irland und Dich davon abzuhalten heißt, Irland einer wertvollen Kostbarkeit zu berauben«.

Jetzt an diesem Novembermorgen 1898 ist Willie von seinem Hotel am Rutland Square hierher zu Maud zum Frühstück ins Hotel Nassau gekommen und steht noch ganz unter dem Eindruck des Traums, aus dem er erwacht war: Maud hatte sich über ihn gebeugt und ihn geküßt.

Die geliebte Freundin und er verbringen den ganzen Tag miteinander, besuchen den alten Fenier James Stephens, laufen durch Dublin und kehren abends zum Hotel Nassau zurück. Beim Essen fragt Maud Willie, ob er einen besonderen Traum gehabt hätte, und Willie antwortet, ja, zum erstenmal habe sie ihn im Traum geküßt. Daraufhin erzählt sie: »Als ich gestern abend einschlief, sah ich neben meinem Bett einen großen Geist. Er geleitete mich in eine große Geisterversammlung, und Du warst auch dabei. Man legte meine Hand in Deine und sagte mir, wir seien verheiratet. Mehr erinnere ich nicht.«

Als Willie tags darauf wieder zu Maud kommt, findet er sie grübelnd am Kamin sitzen. »Ich hätte so nicht mit Dir sprechen sollen«, sagt sie, »denn in Wirklichkeit kann ich niemals Deine Frau sein.« Yeats fragt sie, ob sie einen anderen liebe. Sie verneint, fügt aber hinzu, sie müsse eine moralische Kraft für zwei aufbringen. Willie möchte von ihr wissen, was das bedeutet, und erfährt eine Geschichte, die sein ganzes bisheriges um Maud kreisendes Weltbild durcheinanderbringt und ein Doppelleben aufdeckt, von dem nur ganz wenige Eingeweihte Kenntnis hatten.

Maud beginnt zu erzählen: Nein, es gibt keinen anderen, den sie liebt, aber es gibt einen anderen. Er heißt Lucien Millevoye, und sie hat ihn kennengelernt, als sie neunzehn Jahre alt war und in einem Kurort in Südfrankreich ihre angegriffenen Lungen auskurierte. Er war fünfzehn Jahre älter als sie, sah blendend aus, war hochintelligent, ein französischer Politiker und Publizist, ein Freiheitskämpfer, der Elsaß-Lothringen von der Fremdherrschaft befreien wollte und der zu ihr sagte: »Warum wirst Du nicht Irlands Jeanne d'Arc?« Lucien Millevoye war verheiratet, lebte von seiner Familie getrennt, und Maud Gonne wurde seine Geliebte. Im Januar 1890 gebar sie ihm einen Sohn, den sie schon bald der Obhut des Vaters und einer Amme überließ, um nach Irland zu eilen und sich um das Elend der Landbevölkerung zu kümmern. Im Sommer 1891 war sie überstürzt nach Frankreich abgereist, Millevoye hatte telegraphiert, ihr Söhnchen sei an Meningitis erkrankt. Das Kind starb im August 1891. Maud war außer sich vor Schmerz, Trauer und Schuld. Sie ließ für den kleinen Georges auf einem Pariser Friedhof ein großes Mausoleum errichten. Für ihr totes Kind trug sie die Trauerkleidung, in der sie zu Parnells Beerdigung erschienen war. Und seinetwegen interessierte sie sich so brennend für die Idee der Wiedergeburt. George Russell hatte ihr versichert, daß ein verstorbenes Kind in derselben Familie wiedergeboren werden könne. Der Glaube an diese Möglichkeit hatte Maud dazu gebracht, ihr Verhältnis mit Millevoye aufrechtzuerhalten, denn sie wollte mit ihm ein weiteres Kind haben, einen Wiedergänger des kleinen Georges.

Im August 1894 gebar sie ihr zweites Kind. Maud glaubte fest daran, daß dieses Kind, ein Mädchen, von ihr und Millevoye beim vorsätzlichen Beischlaf in der Gruft von Georges Mausoleum gezeugt worden war. Sie taufte das Mädchen auf den Namen Iseult und ließ es während seines ersten Lebensjahres nicht aus den Augen, damit ihm nicht Georges Schicksal widerführe. Dann gab sie die kleine Iseult zur weiteren Betreuung und Erziehung in ein französisches Kloster. Den Schwestern erklärte sie, Iseult sei ihre adoptierte Nichte. Maud wollte sich zu einer unehelichen Tochter nicht bekennen. Sie wollte das Ansehen ihres Liebhabers, eines Mannes der französischen Öffentlichkeit, nicht beeinträchtigen, und sie wollte ihrem eigenen Ruf durch das Eingeständnis einer illegitimen Affäre nicht schaden. Parnells Schicksal stand ihr warnend vor Augen und hatte ihr gezeigt, wie unerbittlich die öffentliche Moral mit denen verfuhr, die es wagten, den bürgerlichen Gesetzen zum Trotz ihren Gefühlen zu folgen. Maud wollte weder sich noch Millevoye politisch ruinieren, noch ihrem Kind den Makel der Unehelichkeit mit auf den Weg geben (zeitlebens bezeichnete Maud Gonne der Öffentlichkeit gegenüber Iseult als ihre Adoptivtochter).

Stockend und mit vielen Unterbrechungen erzählt Maud im November 1898 Yeats ihre bis dahin verheimlichte Geschichte. An Millevoye, sagt sie, läge ihr schon lange nichts mehr. Wenn der kleine Georges am Leben geblieben wäre, hätte sie ihn längst verlassen und wäre nach Irland gezogen. Seit Iseults Geburt lebe sie auch nicht mehr mit ihm, habe aber noch öfter mit ihm zu tun, weil er ihre Artikel in seiner Zeitung in Frankreich veröffentliche und sie ihm gelegentlich mit ihren einflußreichen Verbindungen in diplomatischen Kreisen behilflich sei.

Yeats ist von dieser außerordentlichen Geschichte berührt und erschüttert. Maud tut ihm leid, und gleichzeitig fühlt er, daß sie kein Mitleid will. Er tut sich selber ebenfalls leid und weiß nicht, wie er mit seinem Kummer umgehen soll. Er möchte Maud in die Arme nehmen, sie seiner Liebe versichern, aber er kann es nicht. Er kann auch nicht wüten und toben, die falsche Geliebte verstoßen, denn noch immer gelten ihr all seine Hoffnungen, all seine Träume.

Später fragt er sich oft, warum er so vorsichtig war mit Maud, warum darauf bedacht, sie nur wie eine Schwester zu berühren und darauf zu warten, daß sie zu ihm komme, nicht aus spontaner Leidenschaft, sondern aus Liebe. Er versucht sich zu überzeugen, daß sein Nichthandeln keinem hochmoralischen Skrupel entsprang, sondern seiner Angst vor moralischer Verantwortung. Im Moment kann er dies alles aber nicht klar durchdenken und analysieren. Er ist verwirrt, weiß nicht weiter, seine Gedanken gehen im Kreis.

Ein paar Tage, nachdem Maud ihm ihre Geschichte erzählt hat, sind sie wieder zusammen und haben gemeinsam eine Vision. Maud sieht sich als große Steinstatue, durch die eine Flamme zuckt. Willie spürt, wie er zur Flamme wird, in einen Körper aufsteigt und durch die Augen einer großen Steinminerva blickt. Dieses Erlebnis wühlt sie beide auf, und feierlich erklären sie es zu einer spirituellen Hochzeit. Yeats weiß nicht, ob übernatürliche Kräfte sie so zusammenführen oder ob sie selbst die Traumvision forciert haben.

Maud ist ihm gegenüber nun weich und zärtlich, doch als er sie vor ihrer Abreise nach Frankreich wieder fragt, ob sie ihn heirate, sagt sie: »Nein, es scheint mir unmöglich, ich habe einen Horror vor der physischen Liebe.« Zehn Jahre später schreibt sie ihm: »Willie, Deine Arme waren nicht stark genug, mich zu retten, und meine Augen waren zu blind, diese Dinge zu sehen. Und all das erdrückende Leid, das über mich kam, habe ich verdient.«

Maud Gonnes Verehrerkreis war groß, und die Heiratsanträge, die sie im Laufe ihres Lebens erhielt, waren zahlreich und kamen von so unterschiedlichen Kandidaten wie amerikanischen Lebemännern, englischen Politikern und steinreichen französischen Fürsten.

Zu ihren uneigennützigen Verehrern zählte der englische Journalist Henry W. Nevinson. Nachdem er sie mehrmals im Contemporary Club in Dublin getroffen hatte, schrieb er 1899 die Beobachtung: »Sie war unvergleichlich liebenswürdig. Wir blieben oft die ganze Nacht auf, um ihre morgendliche Ankunft per Zug oder Schiff zu erwarten. Im Club saß sie stundenlang schweigend da, vielleicht ein wenig gelangweilt, vielleicht mit ihren Gedanken noch in Paris, wo sie gerade herkam. Aber, wenn die Sprache auf den Krieg gebracht wurde und man mich dazu befragte, dann wurde sie hellwach und ganz eifrig. Da begriff ich die Bedeutung dieses schönen und energischen Kinns, und ich wußte, daß sie sich nur nach Taten sehnte und nicht nach dem in Dublin so beliebten und geläufigen Reden und Diskutieren. Und wie eine prophetische Eingabe dämmerte mir, in was für eine Art Heirat sie einmal einwilligen würde. Der erste Mann der Tat, sagte ich mir, der erste Mann, den sie trifft, der resolut zupacken kann, dem wird sie auf Gedeih oder Verderb ausgeliefert sein.«

Ein Jahr nachdem Nevinson diese Worte niedergeschrieben hat, erscheint in Paris ein drahtiger, sonnenverbrannter irischer Major, frisch aus Südafrika zurück, wo er die irische Brigade zusammengestellt und mit ihr an der Seite der Buren gegen die Engländer gekämpft hatte: John MacBride aus Westport.

Am Gare du Nord wird er von seinem Freund Arthur Griffith, dem Herausgeber der neugegründeten irisch-nationalen Zeitung *United Irishman* erwartet, auch Maud Gonne und andere Mitglieder des irischen Transvaal Komitees sind zu seinem Empfang erschienen. Maud hatte von dem tapferen Kämpfer schon viel gehört und macht sich nun zusammen mit seinen Freunden Gedanken um MacBrides Zukunft. Er kann nicht nach Irland reisen, weil er dort wegen Hochverrats angeklagt würde; er kann auch in Paris keine Aufgaben wahrnehmen, weil er kein Französisch spricht, folglich beschließt man, MacBride auf eine Vortragsreise nach Amerika zu schicken. Maud selbst war bereits im Auftrag des Transvaal Komitees in den Vereinigten Staaten gewesen und hatte vor überfüllten Sälen, auf Straßen, in Parks, wo immer die Massen sich versammeln konnten, gegen die Engländer und für Irland agitiert. Sie hatte an die Emotionen der Iro-Amerikaner appelliert und verkündet, Irlands Freiheit werde nie ohne Waffen und Blutopfer zu haben sein. Ihre Auftritte waren spektakulär gewesen und hatten viele neue Verbündete für die irische Sache gewonnen.

MacBride könnte die von Maud so erfolgreich begonnene Arbeit fortsetzen. Doch John MacBride ist ein Vollblutsoldat und hat keine Ahnung, wie man Vorträge hält. Arthur Griffith und Maud Gonne schreiben ihm eine Rede und schicken ihn damit auf die Reise. Nach einem Monat meldet MacBride aus Amerika, er käme nicht zurecht, ob Maud Gonne nicht kommen und ihm helfen könne.

Vier Monate lang reisen der irische Major und Irlands Jeanne d'Arc kreuz und quer durch die Vereinigten Staaten. MacBride, fasziniert von seiner gefeierten Begleiterin, macht ihr einen Heiratsantrag. Maud Gonne läßt ihn wissen, daß eine Heirat für sie nicht in Frage käme, solange Krieg sei, und einen irischen Krieg gäbe es immer.

Mit Millevoye hat dieser abschlägige Bescheid nichts mehr zu tun. Millevoye hatte, nachdem er und Maud angelegentlich des Burenkriegs noch allerlei gemeinsame publizistische Schläge gegen England ausgeteilt hatten, Maud zutiefst gekränkt. Zwar hatte sie 1898 Yeats gegenüber geäußert, daß ihr an Millevoye schon lange nichts mehr läge, als aber Millevoye zwei Jahre später, bei einem gemeinsamen Ausflug zum Mont Blanc, von einer neuen Geliebten gesprochen hatte, war ihr vor Enttäuschung und Bitterkeit fast das Herz stehengeblieben. Millevoye war nicht nur Maud, sondern auch dem Kampf gegen die Engländer untreu geworden.

Erschöpft und krank kommt Maud im Mai 1901 in Begleitung eines kleinen Alligators, den sie für Iseult mitgebracht hat, aus Amerika zurück. Im Sommer trifft Yeats sie in London und ist erschrocken über ihr abgespanntes, vernachlässigtes Aussehen. Er fleht sie an, den tragischen Kampf für Irland aufzugeben und ein friedliches Leben zu führen – an seiner Seite natürlich. Maud antwortet ihm, die Ehe wäre eine sehr langweilige Angelegenheit, Dichter sollten nie heiraten, »die Welt kann mir dankbar sein, daß ich dich nicht heirate.«

So wenig wie Yeats ihretwegen die Dichtung vernachlässigen soll, so wenig will sie seinetwegen den politischen Kampf aufgeben. In seinem Gedicht *Kein zweites Troja* schreibt Yeats die Zeilen:

> Wie kann sie friedlich sein mit einem Geist,
> Den Stolz so lauter wie ein Feuer macht,
> Gespannt im Bogen ihrer Schönheit kreist,
> Die unsren Zeiten nicht geläufig ist,
> Erhaben streng und einsam bis zum Rand?
> Was hätte ihr gefrommt, so wie sie ist?
> Wo findet Troja sie zum zweiten Brand?

Yeats hat es inzwischen, dank Lady Gregorys Hilfe, zu einem besseren Lebensstandard gebracht. Er kommt in London jetzt viel mit Theaterleuten zusammen, mit Shaw und Mrs. Patrick Campbell, mit der Schauspielerin Florence Farr und der reichen Annie Horniman, die als Mäzenatin der irischen Theaterbewegung am liebsten Lady Gregory noch ausstechen möchte.

Vielleicht ist Maud ein wenig eifersüchtig, vielleicht auch einfach nur angesteckt von der Theaterwelt, mit der sie einmal geliebäugelt und auch als Schauspielerin einige Erfahrungen gemacht hatte, bevor sie sich für die Politik entschied. Yeats hatte sie vor Jahren bekniet, die Hauptrolle bei der Uraufführung von *Countess Cathleen* zu übernehmen. Sie hatte damals abgelehnt, wollte sich von ihrer Hauptaufgabe nicht ablenken lassen. Aber jetzt bietet sie ihm an, in einem Stück von ihm aufzutreten, vorausgesetzt, daß er ihrer Organisation, Inghinidhe na hEireann, die Aufführungsrechte überträgt.

Yeats schreibt für Maud den Einakter *Cathleen ni Houlihan*, die Geschichte einer alten Frau, die zur Zeit der Erhebung von 1798 in einer ärmlichen Hütte im Westen Irlands erscheint und einem jungen Mann, der im Begriff ist zu heiraten, sagt, er solle nicht heiraten, sondern für die Freiheit Irlands kämpfen. Cathleen ni Houlihan ist Irland selbst, die alte Frau, die ihre vier verlorenen Söhne, die vier Provinzen Irlands, wiederhaben will. Die Rolle der Cathleen ni Houlihan zu spielen ist für Maud so natürlich und selbstverständlich wie ihre Auftritte auf den Straßen und in Versammlungssälen in Dublin oder Paris, in Manchester, London oder New York.

Die drei Aufführungen von *Cathleen ni Houlihan* im April 1902 in der Dubliner St. Theresa's Hall sind eine Sensation. Sie legen den Grundstein für das Abbey Theater, das unter der Leitung von Yeats, Lady Gregory, John Millington Synge, Douglas Hyde und George Russell zwei Jahre später seine Arbeit aufnimmt.

Maud macht in Dublin Theatergeschichte, danach wendet sie sich schleunigst wieder der politischen Arbeit zu. Im Winter 1902 trifft sie sich in Paris häufig mit John MacBride. Die Gespräche und Pläne für Irlands Freiheit münden in die Verlobung der beiden. Freunde und Familienangehörige der sechsunddreißigjährigen Braut wie des um ein Jahr jüngeren Bräutigams sind entsetzt. Jeder, der die beiden kennt, ahnt, daß diese Ehe in die Katastrophe führt. »Um Euer selbst und um Irlands willen, heiratet nicht«, schreibt Arthur Griffith, der mit beiden gut befreundet ist. Im Traum erscheint Mauds Vater ihr und warnt, »tu das nicht, mein Schäfchen, du darfst nicht heiraten«.

Yeats, mit dem Maud in dieser Zeit nur sporadischen Briefkontakt hatte, erhält an einem Februarabend 1903 ein Telegramm von der Freundin aus Paris mit der Mitteilung, daß sie im Begriff sei, John MacBride zu heiraten und daß ihre Freundschaft mit ihm durch diese Ehe nicht leiden werde, »Du kennst mich und die Höhen und Tiefen meines aufreibenden Lebens seit vielen Jahren und hast mich in meiner Freundschaft zu Dir immer gleichbleibend gefunden.«

An dem Abend, als er die Mitteilung bekommt, hat Yeats in Dublin einen Vortrag zu halten und tut es auch. Nach der Veranstaltung kann er sich an kein einziges Wort seiner Rede erinnern, es war, als hätte ihm diese Nachricht das Bewußtsein geraubt.

Der von Maud so sorgfältig errichtete gemeinsame Tempel der Keuschheit und der Spiritualität stürzt lautlos in sich zusammen. Yeats ist fassungslos. Und wiederum verflucht er Maud nicht, sondern bezichtigt sich selbst, zu lang und zu blind geliebt zu haben.

Doch ein Ende ist längst noch nicht in Sicht.

Die Ehe zwischen Maud Gonne und John MacBride ist ein weit größeres Desaster, als die Warner vorausgesagt hatten. MacBride, ein Mann von konventionellem Zuschnitt und schlichtem Gemüt, kommt mit Mauds Freiheitsdrang und ihrem unkonventionellen Lebensstil nicht zurecht. Gezwungen, im Exil zu verharren, wird er ziellos und labil und beginnt zu trinken. Schon als er und Maud in Spanien auf Hochzeitsreise waren, hatte MacBrides exzessive Zecherei den Plan vereitelt, ein Attentat auf den in Gibraltar weilenden englischen König Edward VII zu verüben. (Erst als alte Frau sprach Maud über diese kläglich gescheiterte Aktion, die das Paar gemeinsam, ohne weitere Mitwisser geplant hatte.)

Im Januar 1904, elf Monate nach der Eheschließung,

bringt Maud ihren Sohn Seán zur Welt. Freunde in Irland, die von den Problemen des Paares nichts wissen, sind entzückt über den Nachwuchs der beiden Freiheitskämpfer und feiern ihn als Irlands neuen König. (Seán MacBride wird später ein einflußreicher Politiker und erhält für die Gründung der Menschenrechtsorganisation Amnesty International den Friedensnobelpreis.)

Der kleine Seán kann die Ehe seiner Eltern nicht kitten. Wie üblich ist Maud häufig unterwegs, oft wochenlang in Irland, wohin MacBride noch immer nicht reisen darf, und während ihrer Abwesenheit vergreift sich der nun stets betrunkene Mann an Mauds Halbschwester Eileen und versetzt den ganzen Haushalt in Furcht und Schrecken. Nach fünfzehn Monaten Ehe reicht Maud die Scheidung ein.

Es beginnen langwierige gerichtliche Auseinandersetzungen. Maud ist mit ihrem sehnlichen Wunsch, durch die Ehe mit MacBride ihre chaotischen familiären Verhältnisse zu ordnen, restlos gescheitert und braucht Hilfe. Und wieder steht Willie Yeats bereit.

Mauds Scheidungsklage warf viele Probleme auf. Sie war englischer Abstammung und hatte die meiste Zeit mit britischem Paß in Frankreich gelebt. MacBride stammte aus Irland und hatte die britische Staatszugehörigkeit verwirkt, als er Ehrenbürger der Burenrepublik wurde, die inzwischen nicht mehr existierte. Die Ehe war an der britischen Botschaft in Paris geschlossen worden, und die Scheidungsmöglichkeit wurde nach französischem Recht geprüft. Nach langen Verhandlungen erkannte das Gericht auf Trennung der Ehe, aber nicht auf gesetzliche Scheidung und räumte dem Ehemann das Recht ein, seine Frau und sein Kind einmal wöchentlich zu besuchen. Maud, entsetzt über diesen Entscheid, legte sofort Berufung ein. Um sich und dem Kind MacBride vom Hals zu halten, verklagte sie ihn wegen Untreue und Grausamkeit. Die peinlichen Beweisführungen, die Schmutzkampagne, die der Prozeß mit sich brachte, schadete beiden, doch der schillernden Maud Gonne mehr als dem biederen MacBride. Nach zweijährigen Verhandlungen mit einer lächerlichen Geldstrafe von einem Pfund belegt, setzte MacBride sich nach Irland ab – dank gemilderter britischer Strafverordnungen war das dem ehemaligen Burenkrieger inzwischen möglich geworden –, und Maud blieb mit ihren Kindern in Frankreich, wagte es auch nicht, von kürzeren Reisen abgesehen, sich in Irland aufzuhalten. Die irische Öffentlichkeit, durch die Presse von dem Verfahren informiert, nahm zum größten Teil Partei für MacBride. Maud hatte Selbstbewußtsein und loyale Freundinnen und Freunde genug, um über die öffentliche Meinung erhaben zu sein. Was sie in Irland jedoch befürchtete, war MacBrides Zugriff auf ihren gemeinsamen Sohn Seán.

Yeats war von Maude schon sehr bald in das Fiasko ihrer Ehe eingeweiht worden und beriet sie bei den gerichtlichen Auseinandersetzungen. In ihren politischen Aktivitäten eingeschränkt, von ihrem geliebten Irland ferngehalten (wo die Frauen von Inghinidhe na hEireann auch ohne sie die Arbeit fortsetzen), widmet Maud sich in Frankreich ihrem Haushalt, hat mehr Zeit für Kinder, Vögel, Hunde, Katzen und anderes Getier und beginnt zu malen, malt Portraits und illustriert Bücher mit keltischer Ornamentik. Willie Yeats, nun oft zu Besuch in Frankreich, bekommt von ihr ein in weißes Kalbsleder gebundenes Schreibbuch, in dem er seine und ihre Visionen und Träume aufzeichnen soll.

Im Juli 1908 schreibt Yeats in dieses Buch: »Ihre religiösen Gedanken, ihr wachsender Katholizismus (Maud war vor der Heirat mit MacBride der katholischen Kirche beigetreten) trennen uns. Sie will sich der Kirche wegen nicht scheiden lassen und wieder heiraten. Seit sie mir das gesagt hat, ist sie mir nicht fern, sondern immer nah. Sie scheint auch mehr zu lieben als früher. Doch die alte Furcht vor der körperlichen Liebe ist wieder da. Welches Ende wird es mit uns nehmen? Ich fürchte für sie, und ich fürchte für mich. Ihr gehört mein ganzes Selbst. Ich habe niemals mehr geliebt, aber mein Begehren muß jetzt woanders hingehen, wenn es mich nicht vergiften soll. Ständig habe ich schreckliche Angst davor, daß irgendeine andere Beziehung zwischen uns kommen und uns trennen könnte, und dabei weiß ich doch immer, daß sie mich geschaffen hat und ich sie. Sie ist meine Unschuld, und ich bin ihre Weisheit. Früher war sie eine Phönix und ich fürchtete sie, aber jetzt ist sie mein Kind mehr als meine Liebste.«

Zu dieser Eintragung klebt Yeats zwei Briefe in das Buch ein, die er um dieselbe Zeit von Maud erhält. Maud schreibt ihm: »Ein großer Dichter oder ein großer Schriftsteller kann seinem Land noblere und wertvollere Dinge geben als der größte Philanthrop. Für Dich muß das Schreiben und vor allem das Dichten immer die höchste Priorität haben.« Und sie erzählt von einem Traum: »Wir bewegten uns irgendwo im All, ich weiß nicht wo – ich sah Sternenlicht und hörte das Meer unter uns. Du hattest die Gestalt einer großen Schlange, aber genau weiß ich es nicht. Ich sah nur deutlich Dein Gesicht und schaute in Deine Augen, und Deine Lippen berührten meine und wir schmolzen zusammen zu einem einzigen Wesen ...«

Wie zehn Jahre zuvor fühlen Yeats und Maud Gonne sich in einer spirituellen Hochzeit vereinigt, und wenig später vollziehen sie auch die körperliche Vereinigung. Doch der Akt, nachdem Yeats sich so verzehrt hatte, bringt keine grundlegenden Veränderungen in seine Beziehung zu Maud. Tatsächlich hat Maud für die sexuelle Liebe nicht viel übrig, sie spricht von Entsagung und erinnert Yeats daran, daß er ihre Liebe zueinander als eine heilige Liebe bezeichnet habe.

So verständigen sie sich auf die platonische Fortführung ihrer Beziehung, doch ihre Briefe sind, für eine Weile wenigstens, inniger als zuvor. »Paris, Dezember 1909. Liebster, es war schwer Dich gestern zu verlassen, aber wenn ich geblieben wäre, so wäre es heute genauso schwer gewesen. Das Leben ist gut, wenn wir zusammen sind, und wir sind es so selten. ... Ich weiß, wie schwer es für einen Mann ist, die spirituelle Liebe aufrechtzuerhalten, wenn das körperliche Verlangen nicht dazu kommt. Ich habe diesen Kampf nicht ohne Qualen geführt, obgleich ich nicht viel darüber sprach. Aber jetzt ist der Kampf vorbei, und ich habe Frieden. Und heute denke ich, ich könnte Dich eine andere heiraten lassen, ohne Dich zu verlieren – denn ich weiß, daß unsere spirituelle Verbindung dieses Leben überdauert.«

Noch denkt Yeats nicht daran, eine andere Frau zu heiraten, aber da sind andere, deren Zuwendungen er auch nicht verschmäht.

Yeats ist auf dem Weg zum Erfolg, als Dichter, Dramatiker und Förderer der irischen Kulturrenaissance. Wie die kulturelle, so ist auch die nationale Bewegung im Aufwind. Arthur Griffith gründet Sinn Fein, eine Partei, die die zerfallene Parlamentspartei ersetzen und die unterschiedlichen nationalen und republikanischen Gruppierungen bündeln soll. Das Home Rule Gesetz, die so lang erkämpfte autonome irische Selbstverwaltung, passiert trotz heftigen Widerstandes seitens der Ulster Unionisten die erste und zweite Lesung im britischen Unterhaus. Dann bricht der Erste Weltkrieg aus. Home Rule ist noch nicht in Kraft getreten, und England hat andere Sorgen als die irische Unabhängigkeit. Zunächst rekrutiert die britische Regierung Tausende von irischen Soldaten und schickt sie an die Front.

Maud und ihre inzwischen fast erwachsene Tochter Iseult arbeiten beim Roten Kreuz in Frankreich. »Wir flicken die verwundeten, verstümmelten Kreaturen zusammen, damit sie wieder in die Schlacht geschickt werden können«, schreibt Maud. Nach diesem fürchterlichen Krieg, meint sie, werde sie mit ihren Kindern nach Amerika ziehen, nach diesem Krieg werde Europa für Generationen kein Ort mehr sein, an dem man leben könne.

Aber bald soll ein völlig unvorhersehbares Ereignis ihrem persönlichen Leben und dem ihrer Kinder eine neue Perspektive geben.

Eine kleine Gruppe irischer Revolutionäre, führend darunter der Sozialist James Connolly, ein Mitstreiter Maud Gonnes bei früheren antibritischen Aktionen, plant im Frühjahr 1916 einen Aufstand gegen die englische Regierung, die junge Iren zu Tausenden an der Front verheizt, die irische Unabhängigkeit aber weiterhin verhindert und hinauszögert. Am Ostermontag 1916 ruft Padraic Pearse vor dem Dubliner Hauptpostamt die irische Republik aus. Eine Bürgerarmee von rund tausend Männern und Frauen hat sich an verschiedenen strategischen Punkten der Stadt postiert und verteidigt die Republik gegen die anrückende britische Armee. John MacBride, auf dem Nachhauseweg von einer Hochzeitsfeier und wie die meisten Iren völlig ahnungslos von dem Aufstand, stößt zufällig auf eine der Kampfgruppen, schließt sich ihr an und greift als geübter Guerillakämpfer sofort zum Gewehr. Der von vornherein aussichtslose Kampf dauert sechs Tage. Am 30. April haben die Engländer außer den Anführern 3500 Männer und Frauen, darunter viele völlig unbeteiligte, gefangengenommen, und ein Militärgericht verurteilt siebzehn von ihnen zum Tod, auch John MacBride. Die irische Republik von Ostern 1916 war eine Totgeburt, doch die Rache, die England an ihren Protagonisten nimmt, ist so blutig, daß dadurch die irische Bevölkerung zu großen Teilen aufgerüttelt wird und sich in der Folge Sinn Fein anschließt. Die Märtyrer des Osteraufstandes erringen einen posthumen Sieg.

Auch der Trunkenbold John MacBride wird nachträglich zum Helden. Yeats reiht den früheren Nebenbuhler ein in sein Gedicht »Ostern 1916«:

> Hat manchen schwerst Unrecht getan,
> Die nah meinem Herzen warn.
> Doch führ ich im Sange ihn an,
> ...
> MacDonagh und MacBride
> Und Connolly und Pearse
> Jetzt und immerdar,
> Wo immer in Grün man gesellt,
> Sind verwandelt ganz und gar:
> Eine Schönheit voll Graun kam zur Welt.

Für Maud verwandelt sich neben dem nunmehr heroischen Ansehen ihres Mannes auch ihr eigener Status und ihre Aussicht auf Rückkehr nach Irland. Sie legt die Witwentracht an (für den Rest ihres Lebens), fügt ihrem eigenen Namen den ihres Mannes hinzu, Maud Gonne MacBride (wie sie sich vorher nie genannt hatte) und beantragt einen Paß, um mit ihren Kindern nach Irland zurückkehren zu können. Bis sie den Paß bekommt, vergeht ein halbes Jahr. Yeats ist weiterhin oft zu Besuch und macht ihr, da sie nun Witwe ist, fast gewohnheitsgemäß wieder einen Heiratsantrag. Maud gibt ihm die übliche Antwort.

Das britische Kriegsministerium, das ihr den Paß schließlich zustellt, verfügt zugleich, daß die Witwe des Staatsfeindes MacBride zwar nach England kommen, aber nicht nach Irland weiterreisen darf. So bleibt sie ein weiteres Jahr in Frankreich, und in dieser Zeit findet der häufig in ihrem Haushalt weilende, inzwischen gut fünfzigjährige Yeats Gefallen an der dreißig Jahre jüngeren, bildschönen und sehr eigenwilligen Iseult. Da die Mutter ihn nicht nimmt, hält er um die Hand der Tochter an. Lady Gregory, wie üblich um ihre Meinung befragt, findet das in Ordnung, und auch Maud hat nichts dagegen. Iseult denkt über die Möglichkeit Yeats zu heiraten ein paar Wochen nach und lehnt ab.

Maud wird immer ungeduldiger, nach Irland zu kommen. Im September 1917 packt sie ihren Hausstand in Frankreich zusammen und reist nach England, zumindest ist sie dort ihrem Ziel schon eine Etappe näher. Sie kommt aber nicht weiter; die britischen Behörden überwachen sie, und Yeats ist erleichtert, daß Maud sich ohne Eskapaden den Anordnungen fügt. Sie nimmt eine Wohnung in London und besucht eine Kunstschule. Ezra Pound, ein junger amerikanischer Dichterfreund von Yeats, unterrichtet den zwölfjährigen Seán und flirtet mit Iseult. Yeats ist überglücklich, die Familie so versorgt zu sehen. Ezra Pound schreibt einem gemeinsamen Freund nach Amerika: »Yeats ist aus Paris zurück, mit Maud Gonne, zehn Kanarienvögeln, einem Papagei, einem Affen, einer Katze, zwei Mitgliedern von Maud Gonnes Familie und der Hoffnung, daß sie ein ruhiges Leben führen wird.«

Vor allem will Yeats nun mit zweiundfünzig Jahren endlich selber ein ruhiges Leben führen. Maud hat es ihm verweigert, Iseult hat ihn abgelehnt, mit Lady Gregorys Zustimmung und Ermunterung hält er um die Hand der sechsundzwanzigjährigen Georgie Hyde-Lees an. Er kennt sie seit mehreren Jahren, sie ist mit Olivia Shakespear befreundet und mit Ezra Pound, sie ist praktisch und intelligent und mehr als bereit, den verehrten Dichter zu heiraten. Am 20. Oktober 1917 findet die Trauung statt. Yeats, der befürchtet hatte, Maud und Iseult mit diesem Schritt zu kränken, wird schnell beruhigt. Maud gratuliert ihm zu der charmanten Frau, und Iseult freundet sich mit ihr an. Die, die befürchtet hatten, die Ehe könne nur schiefgehen – »entweder sie wird seine Sklavin oder sie läuft ihm weg«, hatte Lily Yeats prophezeit –, werden eines anderen belehrt. George, wie Yeats seine Frau nennt, erkennt intuitiv, wie sie ihren Mann von sich überzeugen und an sich binden kann. Auch sie hat einen Draht zum Okkulten und Übernatürlichen, und von dorther fließen ihr Stimmen und Gedankensplitter in die Feder, die sie aufschreibt und Yeats als Rohstoff zur weiteren dichterischen Bearbeitung überläßt. Georges automatisches Schreiben festigt die Ehe. Bald kommen zwei Kinder dazu und für Yeats Erfolg und Ruhm. Als 1922 der irische Freistaat gegründet wird, übernimmt Yeats das Amt des Kultursenators. Ein Jahr später erhält der international renommierte Dichter den Nobelpreis für Literatur.

Und Maud kämpft weiter. Noch immer ohne offizielle Erlaubnis, reist sie im Februar 1918 illegal nach Irland ein. Ihre Verkleidung als altes gebeugtes Mütterlein ist so perfekt, daß ein britischer Soldat ihr im Gedränge auf dem Schiff den Weg frei macht und das Gepäck verstaut, auch die am Pier wartenden Frauen von Inghinidhe na hEireann erkennen sie nicht. Maud mietet ein Haus am St. Stephen's Green und wird sofort in Arthur Griffiths Sinn Fein Partei aktiv. Sinn Fein kämpft mit vereinten Kräften für ein Ende der britischen Herrschaft in Irland. Im Mai wird Maud bei einer Kundgebung festgenommen und im Londoner Holloway Gefängnis inhaftiert. Yeats macht seinen Einfluß geltend und erreicht nach sechs Monaten ihre Freilassung. Durch die Kriegs- und Gefängniserfahrungen ändert Maud ihre militante Einstellung. Statt aggressive Kampfparolen auszugeben, plädiert sie nunmehr in ihren Reden und Zeitungsartikeln für Frieden und Gerechtigkeit und die untrennbare Zusammengehörigkeit beider. In Irland gilt ihre Hauptarbeit jetzt den politischen Gefangenen und der ins Leben gerufenen Hilfsorganisation Weißes Kreuz zur Unterstützung der Kommunen, die das inzwischen von Sinn Fein gegründete Nationalparlament, eine Art Untergrundregierung, gewählt haben und daraufhin von England keine Gelder mehr bekommen. Ihr Sohn Seán schließt sich der Irisch Republikanischen Armee an und nimmt am Unabhängigkeitskrieg gegen England teil. Mit einem Waffenstillstand endet dieser Krieg im Juni 1921. Einen Monat später wird der Anglo-Irische Vertrag unterzeichnet, der den sechsundzwanzig Grafschaften des Freistaats Dominion-Status verleiht und die sechs nördlichen, überwiegend protestantischen Grafschaften England zugehörig beläßt. Der Vertrag löst einen Bürgerkrieg aus, und Maud, die dieser Teilung des Landes zunächst zugestimmt hatte, änderte ihre Meinung angesichts des grauenvollen Blutvergießens und der brutalen Verfolgung der Vertragsgegner durch seine vom britischen Militär unterstützten Befürworter. Daß Yeats einem Staat als Senator zur Verfügung steht, in dem noch immer Unrecht herrscht und Iren von Engländern niedergeknüppelt und inhaftiert werden, ist ihr unbegreiflich. Solange Irland nicht zur Ruhe kam, konnte auch Maud nicht zur Ruhe kommen. Aber immerhin lebte sie nun ganz in Irland, hatte ihre Kinder um sich, ihre Freunde, ihre Verbündeten. Wegen der politischen Meinungsverschiedenheiten gibt es zwischen ihr und Yeats keinen engen Kontakt, doch ist er immer im Hintergrund, immer bereit, bei Schwierigkeiten und Problemen zu helfen.

Für Yeats sind die früheren Turbulenzen, die Zweifel, die Aufregungen, die Qualen und Mauds Anteil daran Erinnerung geworden, die aus der Distanz der Jahre in seinen Gedichten ein versöhnliches Echo finden. Und wenn er wägt und alles in Rechnung stellt, wenn er meint, etwas bereuen zu müssen, dann nimmt ihm die Poesie den Stachel des Schmerzes und rechtfertigt alles, was war.

Aber kann ein Dichter wirklich ganz zufrieden sein?

*Maud Gonne*

*William Butler Yeats*

Wahr wurden alle meine Träume,
Haus, Frau, Sohn, Tochter wuchsen mir heran,
Ein Garten, drinnen Kohl und Pflaumenbäume …
Dichter und Denker zog ich an.
Was dann, sagt Platos Geist, was dann?

Seit Beginn der zwanziger Jahre leben Maud und Yeats beide mit ihren Familien in Irland. Anfang der dreißiger Jahre, nach dem Tod von Lady Gregory und mit zunehmenden gesundheitlichen Problemen, verläßt Yeats seinen geliebten normannischen Turm, Thoor Ballylee, in der Nähe von Coole Park in Galway und zieht nach Dublin. Gelegentlich treffen er und Maud sich zum Essen, zum Reden, zum Streiten, doch in der astralen Sphäre suchen und begegnen sie sich nicht mehr.

Im August 1938, als sie beide schon über siebzig sind und sich seit knapp fünfzig Jahren kennen, lädt Yeats Maud zum Tee ein nach Riversdale, seinem alten, von Obstbäumen und blühenden Hecken umgebenen Haus in Rathfarnham. Yeats sitzt am Gasfeuer, ihm zur Seite sein Hund, auf dem Schoß hält er die Katze Pangur, Kanarienvögel flattern und zwitschern in ihren Käfigen. Mit seinem dichten weißen Haar und der Sommerbräune wirkt Yeats elegant und aufgeräumt. Voller Enthusiasmus redet er über ein neues Theaterprojekt. Doch Maud fühlt auf einmal, daß sie den Freund zum letzten Mal sieht. »Als wir uns voneinander verabschiedeten«, schrieb sie nach seinem Tod ein halbes Jahr später, »erhob er sich mit großer Mühe aus seinem Sessel und sagte: ›Maud, wir hätten mit unserem Castle of the Heroes weitermachen sollen, wir könnten es immer noch tun!‹«

## *Auf den Schwingen der göttlichen Liebe*

Oscar Wilde und Lord Alfred Douglas

»Auf jeden Fall wird er ihnen beweisen, daß er ein ganzer Kerl ist«, sagt Yeats zu dem alten Cochrane vom Tal. Bis hierher, in Cochranes Hütte am Knocknarea in Sligo, ist das Gerücht von Oscar Wildes Prozeß gegen Lord Queensberry gedrungen. Einzelheiten kennt man nicht, es scheint eine verworrene und heikle Angelegenheit zu sein, bei der die Ehre von Yeats' Landsmann und Dichterfreund auf dem Spiel steht. William Butler Yeats hat nicht den geringsten Zweifel daran, daß Oscar Wilde, der seine brillanten Salonauftritte mit Affektiertheiten und Übertreibungen zu garnieren pflegt, im Grunde ein zutiefst ehrlicher und zuverlässiger Mensch ist. Seine zur Schau getragene Arroganz ist mit kindlicher Naivität gepaart und verkehrt sich blitzschnell in heitere Selbstironie. Wie pfauenhaft er auch einherstolziert, wie hochmütig, witzig und gescheit er auch einherredet, Wilde – und Yeats kennt ihn seit etlichen Jahren – ist menschenfreundlich, herzensgut und von einer sprichwörtlich voluminösen Zärtlichkeit.

Yeats beschließt, vor seiner Rückreise nach London in Dublin irische Schriftsteller um Briefe der Anteilnahme für Wilde zu bitten und sie ihm zu überbringen.

Mitte Mai 1895 trifft er in London ein und hört, daß Wilde sich bei seiner Mutter in der Oakley Street aufhalte. Mit seinem Bündel Briefe erscheint er dort, trifft aber Oscar nicht an, sondern dessen Bruder Willie, der sofort wissen will, ob die Briefe Aufrufe zur Flucht enthielten. Yeats verneint, es seien reine Sympathiebekundungen aus Irland. »Das wird ihn freuen«, sagt Willie Wilde und erzählt von all den Vorkehrungen, die man im englischen Freundeskreis getroffen habe, um Wilde außer Landes zu schaffen. Auf der Themse liege eine Yacht bereit, Geld sei aufgebracht worden, jeder, einschließlich Oscars Ehefrau Constance, dränge ihn zur Flucht. Nur er, Willie, und seine Mutter, Lady Wilde, beschwörten ihn, bei seiner und bei der Ehre seiner Familie dazubleiben und sich den Dingen zu stellen, auch wenn es Verurteilung und Gefängnisstrafe bedeuten solle, und so wie es aussähe, werde Oscar den nächsten Prozeß wohl nicht gewinnen. »Aber«, sagt Willie, »Oscar ist ein irischer Gentleman, er wird nicht kneifen.«

Yeats ist es bange um den Landsmann. Er hat inzwischen erfahren, wie schlecht es um dessen Chancen eines Freispruchs bestellt ist. Er erinnert sich seines ersten Besuchs bei Wilde und an dessen Ausspruch: »Wir Iren sind zu poetisch, um Dichter zu sein; wir sind eine Nation von glänzenden Versagern, aber wir sind die größten Redner seit den Griechen«, – es war eine schalkhafte Bankrotterklärung, mit der Wilde seinen keltischen Stolz tarnte. Wie immer die Sache sich auch verhielt, ob schuldig oder unschuldig, Oscar Wilde würde ihnen zeigen, aus welchem Holz er geschnitzt war – davon bleibt Yeats überzeugt. Er macht sich mit seinen Briefen auf den Weg zum Old Bailey, wo der zweite Prozeß gegen Wilde bevorsteht. Der Kunstkritiker Gleeson White sagt zu Yeats: »Wilde ist erledigt, denn er hat alle gegen sich, die ein verruchtes Leben führen.«

Den irischen Gentleman sah man Oscar Wilde nicht an. Er war hochgewachsen, mehr als einen Meter neunzig groß, er hatte einen massigen, unsportlichen und schlaff wirkenden Körper. In seinem blassen, unkonturierten Gesicht wirkten nur der stark geformte sinnliche Mund, die von den Augenlidern halb überschatteten, ausdrucksvollen Augen und das lange, sorgfältig ondulierte Haar. Ein von Natur aus schöner Mensch war er nicht, aber er verstand es wie kein anderer, sich mit Schönheit zu umgeben. Schon als Schüler an der Portora School im irischen Enniskillen begann er, seine Kleidung, sein Auftreten, seine Sprache zu kultivieren. Vollends gelang ihm die Selbststilisierung freilich erst als Student in Oxford. Der Stipendiat und Anhänger der präraffaelitischen Bewegung war froh, der irischen Enge entkommen und der Quelle seiner ästhetischen Inspirationen näher zu sein. Er legte seinen irischen Akzent ebenso ab wie seine der irischen Geschichte und Mythologie verpflichteten Vornamen.

Als Oscar Fingal O'Flahertie Wills Wilde hatte seine Mutter, Lady Jane Francesca Speranza Wilde, ihren zweiten Sohn ins Taufregister eintragen lassen. Speranza, so ihr Künstlername, hatte einen Hang zum Grandiosen. Sie rühmte sich, von Dante Alighieri abzustammen, fand noch weitere Poeten in ihrem Stammbaum, darunter den Schriftsteller Charles Maturin, und machte sich selbst mit glühenden patriotischen Versen zum Sprachrohr des unterdrückten irischen Volkes. Einerseits versponnen, zu Selbstüberschätzung und Größenwahn neigend, war Speranza andererseits liebenswürdig und von Herzen tolerant und loyal. Sie hielt ihrem Gatten, dem Arzt und Archäologen Sir William Wilde, seine außerehelichen Beziehungen und unehelichen Kinder nicht vor, und sie stand zu ihm in einem Verfahren, in dem er von einer ehemaligen Patientin der Notzucht beschuldigt worden war.

Von seiner Mutter erbte Oscar Wilde den Sinn für das Flamboyante und Poetische, und in seinem Elternhaus lernte er, daß die Liebe viele Facetten hat und selten mit den gültigen Gesellschaftsnormen konform geht. In Oxford begann den Studenten der klassischen Philologie eine Spielart der Liebe besonders stark zu interessieren, die Liebe unter Männern. Auch wenn er schon heftig in Frauen verliebt gewesen war, so schien es Oscar Wilde doch, als eigne keine

Liebe der Schönheit und der reinen Poesie mehr als die homoerotische. Der Kult der Knabenverehrung gedieh im Oxford des John Ruskin und des Walter Pater zu üppiger Pracht, und Oscar Wilde stilisierte sich lustvoll und unverschämt zum Sinnbild des Ästheten mit verbotenen Neigungen. Er entwarf sich eine aufreizend phantasievolle Garderobe, er umgab sich mit schönen Dingen, trank erlesene Weine, scharte Freunde um sich, bewirtete sie auf dem hohen Niveau seines berühmten blauen Porzellans und entzückte sie mit Bonmots, die in ganz Oxford die Runde machten. Oscar war eine Attraktion. »Aus mir wird einmal ein Dichter, ein Schriftsteller, ein Dramatiker. Auf irgendeine Weise werde ich berühmt – und wenn nicht berühmt, dann zumindest berüchtigt.« Er sollte beides werden, überhaupt sollten alle seine Wünsche sich erfüllen. Nur ahnte er nicht, was die Erfüllung bedeutete und hätte es auch im voraus nicht wissen wollen.

Oscar Wilde verfeinerte und steigerte seinen extravaganten Lebensstil noch, nachdem er sein Studium glanzvoll beendet hatte und in London Domizil nahm. Seine Versuche, beruflich Fuß zu fassen, als Hochschullehrer oder Schulinspektor, schlugen fehl, aber sein imposantes Auftreten, seine geistreichen, witzigen Plaudereien, sein Charme und seine Liebenswürdigkeit öffneten ihm die Türen aller Londoner Salons. Er lernte hohe Politiker, Gladstone, Asquith, Balfour und Rosebery kennen, er verkehrte mit berühmten Bühnenschönheiten wie Ellen Terry und Salondamen wie Lillie Langtry, er debattierte mit führenden Künstlern, allen voran dem Maler James Whistler, er redete, machte von sich reden, forderte mit seiner Affektiertheit auch Spott heraus und entwaffnete und bezauberte letztlich doch alle, die ihn näher kennenlernten. Binnen kürzester Zeit war der Ire Oscar Wilde die bekannteste Persönlichkeit der Londoner Kulturszene.

Nach dem Tod ihres Mannes übersiedelte auch Lady Wilde nach London und unterhielt in Chelsea einen Salon, in dem sich die zeitgenössischen Dichter begegneten, darunter viele in England lebende Iren. Oscar fühlte sich durch seine Herkunft, durch den Patriotismus seiner Eltern und durch seine große Liebe zur keltischen Kultur der irischen Heimat eng verbunden, ließ sich durch diese Bindung aber weder seine Lebensführung noch seine Kunst diktieren. Einerseits berief er sich mit Inbrunst darauf, Ire zu sein, ging, wenn sie ihm nicht paßte, auf Distanz zur englischen Gesellschaft, andererseits huldigte er auch gern Königin Viktoria, weil er die Dame großartig fand.

Von seinem Ruf als Dandy, Ästhet und Salonlöwe konnte er auf Dauer nicht leben. Das väterliche Erbe war zu gering, um damit seine Extravaganzen zu finanzieren. Sowohl Oscar als auch sein Bruder Willie sahen in einer guten Partie die angenehmste Lösung materieller Probleme. Im Falle von Oscar würde eine Verheiratung darüber hinaus auch denen den Wind aus den Segeln nehmen, die sich über sein unmännliches Verhalten aufregten. Als er, knapp dreißig Jahre alt, die hübsche, intelligente, wenngleich nicht allzu begüterte Constance Lloyd heiratete, schien die Ehe in jeder Hinsicht ein Erfolg. Mit Enthusiasmus und schönen Worten widmete Oscar Wilde sich dem Eheleben, ließ in der Tite Street in Chelsea ein Haus aufs Stilvollste herrichten, umschwärmte seine veilchenäugige Gattin und wurde nach Jahresfrist zum erstenmal Vater, anderthalb Jahre später wurde sein zweiter Sohn geboren. Und damit hatte seine Lust am Abenteuer Ehe sich auch bereits erschöpft. Constance als Mutter war für ihn reizlos geworden; sie langweilte ihn. Er mochte sie nicht verletzen, doch ebensowenig mochte er ihretwegen auf seine anderweitigen Lebensgenüsse verzichten.

Es zog ihn wieder nach Oxford. Junge Studenten luden

ihn dorthin ein, auch in Cambridge wurde er gebeten, Vorträge zu halten, mit den jungen Männern Theateraufführungen zu besuchen und über Ästhetik und Philosophie zu diskutieren. Es waren zündende Zusammenkünfte, voller Sinnlichkeit und Esprit und Inspiration. Einem dieser jungen Männer schrieb Wilde einmal: »Eines wird mich immerdar faszinieren: das Mysterium der Stimmungen. Herr über seine Stimmungen zu sein ist köstlich, von ihnen beherrscht zu werden noch köstlicher. Manchmal denke ich, das Leben des Künstlers ist wie ein langwieriger und süßer Selbstmord, aber ich sehe darin keinen Grund zur Trauer. ... Es gibt ein unbekanntes Land voll seltsamer Blumen und zarter Düfte, ein Land, von dem zu träumen die Wonne aller Wonnen ist, ein Land, in dem alles perfekt und giftig ist.«

Wilde im Rausch des Décadente beschwor den Zauber des Bösen und machte sich selbst der Verführung zum Verbotenen geneigt. Vormals hatte er über Homosexualität nur gesprochen und philosophiert, jetzt führte der siebzehnjährige Student Robert Ross ihn in ihre Praktiken ein. Mit diesem sexuellen Abenteuer begann Wildes Doppelleben als respektabler Ehemann und als Liebhaber und Geliebter junger Männer. Rollen zu spielen, Masken zu tragen, war Wildes Lebenselixier. Daß er sich damit auf gefährlichem Terrain bewegte, daß die Gesellschaft solcherlei Spiele, sobald sie ruchbar wurden, nicht tolerierte, wußte er auch. Mit Erschütterung verfolgte er die Demontage seines Landsmanns Parnell wegen eines Liebesverhältnisses mit einer verheirateten Frau. Dennoch weigerte Wilde sich, sein Leben Maßstäben anzupassen, die nicht seine eigenen waren. Zutiefst war ihm verhaßt, seine Schritte nach Philisterart zu kalkulieren. Er wollte sich dem Leben rückhaltlos anheimgeben und das Leben zum Kunstwerk machen. In seiner Betrachtung über den *Verfall der Lüge* formulierte er die These, daß das Leben die Kunst weit mehr nachahmt als die

Kunst das Leben. Das war ein geradezu prophetisches Credo.

»Ich blickte mich halb um und erblickte zum erstenmal Dorian Gray. Als sich unsere Augen trafen, spürte ich, daß ich bleich wurde. Ein sonderbares Gefühl des Entsetzens überkam mich. Ich wußte, daß ich von Angesicht zu Angesicht einem gegenüberstand, dessen bloße Persönlichkeit so faszinierend war, daß sie, sofern ich es zuließ, mein ganzes Wesen, meine ganze Seele und sogar meine Kunst in Anspruch nehmen würde. ... Etwas schien mir zu sagen, daß ich am Rande einer schrecklichen Lebenskrise stünde. Ich hatte das seltsame Gefühl, als habe das Schicksal erlesene Freuden und erlesene Leiden für mich bereit.« So schildert der Maler Basil Hallward seine erste Begegnung mit Dorian, seinem Angebeteten und späteren Mörder. Wilde veröffentlichte den Roman *Das Bildnis des Dorian Gray* im Sommer 1890. Ein Jahr später begegnete er dem Menschen, der sein Geliebter und Lebenszerstörer wird, Lord Alfred Bruce Douglas aus dem Adelsgeschlecht der Queensberrys, von seiner Familie und seinen Freunden Bosie genannt. Anders als seine Romanfigur Hallward erbleicht Oscar Wilde nicht, als er den schönen Jüngling zum erstenmal erblickt. Im Gegenteil, die Bewunderung des in Oxford studierenden Douglas, der den Roman *Dorian Gray* mehr als ein dutzendmal gelesen haben will, animiert Wilde, noch glänzender zu fabulieren als üblich, noch liebenswürdiger zu charmieren, noch großzügiger zu flattieren. Der junge Lord sieht nicht nur glänzend aus, er versteht auch etwas von Poesie und schreibt selber Verse.

Geblendet vom Widerschein schönster Belobigungen überschätzt der selbstgefällige junge Dichter seine Wirkung auf den Meister und nimmt den Eindruck mit, daß er fortan auf dessen Unterstützung und Hilfe rechnen kann. Für Wilde indes ist Bosies Besuch in der Tite Street im Juni 1891 nur eine jener entzückenden Begegnungen, wie sein wundervolles Leben sie ihm ständig beschert. Dennoch hinterläßt Douglas auch bei ihm einen besonderen Eindruck, der ihm erst viel später bewußt wird: Die aufreizende Arroganz der makellosen Züge und der vornehmen Gestalt des jungen Mannes gemahnen ihn an das von ihm selbst beschriebene und ersehnte Land, in dem alles perfekt ist und giftig.

Bosie wird ihm dieses unbekannte Land schon bald erschließen. Es ist bevölkert von schönen, von ruchlosen und skrupellosen Jünglingen, es ist rauschhaft und exzessiv, trügerisch und schal. In Bosies Schlepptau erfährt Wilde die Faszination des Bösen, über die er vorher nur geschrieben hatte, jetzt holt das Leben die Kunst ein. Wilde läßt sich verführen, er taucht in die Welt der süßen Laster, er verklärt das Milieu der Strichjungenszene mit poetischen Worten; wie »Gelage mit Panthern« will er den Umgang mit den käuflichen Knaben erleben, und jederzeit will er aus dem berauschenden Dschungel der Laster in sein bürgerliches Leben als angesehenes Familienoberhaupt und gefeierter Künstler zurückkehren können. Er glaubt Herr aller Masken zu sein und ganz nach Belieben die Rollen wechseln zu können. Bis Bosie ihm das Spiel verdirbt. Der junge Lord ist nicht nur frech, lasterhaft und unverschämt, er ist auch ambitioniert und beansprucht, im Glanz des öffentlichen Ruhmes neben seinem Meister zu stehen. Später spricht Wilde vom großen psychologischen Irrtum ihrer Freundschaft.

»Du hast Dich in ein Leben gedrängt, das viel zu groß für Dich war, in ein Leben, dessen Kreisbahn weit über den Radius Deiner Vorstellungskraft hinausschwang«, schreibt er in *De Profundis* und rekapituliert das in ihrer Beziehung sich immer wiederholende Muster von Liebesbeteuerung, Zerwürfnis, Zank, Reue und Vergebung. Wenn das Verhältnis der beiden auf einem psychologischen Irrtum beruhte, so hatte dieser doch Methode und hielt für beide Befriedigungen tiefster Bedürfnisse bereit. Wilde, in grenzenloser Großherzigkeit, will das Objekt seiner Liebe mit Aufmerksamkeiten überschütten, Douglas, von unkontrollierter Gier nach Liebe, Geld und Anerkennung getrieben, fordert die Großmut des Freundes immer wieder bis zur Schmerzensgrenze heraus. Es war das typische Verhalten zweier Menschen, von denen der eine in seinem Elternhaus zuviel und der andere zuwenig geliebt worden war, mutmaßte der Dichter W. H. Auden. Der zuwenig Geliebte mußte stets aufs Neue prüfen, ob er die Gunst des Partners wirklich noch besaß, und der zuviel Geliebte mußte seine Liebenswürdigkeit unter immer neue und schönere Beweise stellen.

Alfred Bruce Douglas, der jüngste Sproß eines sehr alten Adelsgeschlechtes, war mit einundzwanzig Jahren, als er den sechzehn Jahre älteren Wilde kennenlernte, auf dem besten Weg in eine verkrachte Existenz. Sein Studium am Magdalen College in Oxford schaffte er nicht, die Unterhaltszahlungen seines Vaters, des Marquess of Queensberry, reichten nicht aus, um seine Spielleidenschaft zu finanzieren und seine Abenteuer im Strichermilieu. Wegen eines Erpressungsversuchs von einem der käuflichen Knaben in die Enge getrieben, bat Douglas, nachdem er mit Wilde bekannt geworden war, brieflich um dessen Hilfe; er hatte den Autor des *Dorian Gray* in jeder Hinsicht richtig eingeschätzt.

Wilde eilte nach Oxford, brachte die Angelegenheit mit einer entsprechenden Summe ins reine und landete in den Armen seines honigblonden Schützlings. Der krönte die Liebesbegegnung mit einem Gedicht. Mit verliebter Begeisterung antwortete Wilde: »Mein einziger Junge, Dein Sonett ist einfach herrlich, und es kommt einem Wunder gleich, daß Deine roten Rosenlippen nicht nur für rasende Küsse geschaffen sind, sondern auch für den Wohlklang des Liedes.

Deine zarte Goldseele wandelt zwischen Leidenschaft und Lyrik. Nun weiß ich: Hyakinthos, den Apollon so rasend liebte, das warst Du in den Tagen der Griechen.«

Bosies ›zarte Goldseele‹ existierte freilich nur in Wildes Imagination. Vor dieser Wahrheit verschließt der Dichter die Augen, denn er will schwelgen, und er schwelgt in der eigenen Phantasie und ihren poetischen Worten viel wonniglicher als in den Armen des goldverbrämten Jünglings. Von allen blond- und braungelockten Knaben, die Wilde liebte, inspirierte ihn keiner so wie ausgerechnet der in seiner Unverschämtheit und Rücksichtslosigkeit unübertroffene Lord Douglas.

Nachdem er Wildes Geliebter geworden ist, hängt sich Bosie wie eine Klette an seinen großherzigen Freund. Seinen Studienabschluß in Oxford schafft er nicht, er zieht nach London und wird Wildes Schatten, sein Blutsauger, seine Muse, sein liebreizender Plagegeist. Nach außen hin präsentieren die beiden sich als unzertrennliches, die Bürgerwelt schockierendes Paar, der großartige, brillante Oscar Wilde und der arrogante, aufregend schöne junge Lord in der Pose des Dichters und Lebemanns. Ihre täglichen Dinners im Savoy oder im Café Royal und ihre Soupers bei Willis sind Orgien der erlesensten und teuersten Genüsse. »Klare Schildkrötensuppe, leckere Fettammern, in spröde, sizilianische Weinblätter gehüllt, schwerer, bernsteinfarbener, ja beinahe bernsteinduftender Champagner, wundervolle *pâtés*, die direkt aus Straßburg kamen, herrlicher *fine champagne*, der immer in großen, glockenförmigen Gläsern serviert wurde, damit sich für den wahren Genießer der wahrhaft erlesenen Dinge des Lebens seine Blume noch duftender entfalten könne.« – Während er im Zuchthaus von Reading darbt, erinnert Wilde sich dieser Köstlichkeiten, und es will ihm scheinen, als habe er sie immer nur Bosies maßloser Begierden wegen kommen lassen und selbstver-

*Oscar Wilde und Lord Alfred Douglas*

ständlich auch bezahlt. Gewiß bestand sein eigenes Vergnügen weniger in den Gaumenfreuden als in der Lust an ihrer ästhetischen Präsentation und am exquisiten Klang ihrer Namen. Es war wie mit der physischen Liebe, die Wilde ja auch viel weniger reizte als die perfekt inszenierte Aura der Verliebtheit. In sexueller Hinsicht hatten Wilde und Douglas unterschiedliche Bedürfnisse, und sie unterhielten beide auch Beziehungen zu anderen Partnern.

Für Wilde wurde die teure Freundschaft mit dem haltlosen jungen Lord mit der Zeit lästig, nicht nur, weil sie seine finanziellen Möglichkeiten überstieg, sondern auch, weil Bosie ihm die Zeit raubte, die er dringend zum Schreiben brauchte. Sein skandalumwitterter Roman hatte sich glänzend verkauft, und nun wollte Wilde, nach vormals gescheiterten Versuchen, endlich auch auf der Bühne reüssieren. Douglas mit seiner schier unbezahlbaren Vergnügungssucht übte finanziellen Druck aus auf seinen großmütigen und zahlungswilligen Liebhaber und spornte ihn damit zu seinen inspiriertesten und besten Bühnenstücken an. Dabei kam es zwischen den beiden immer weniger zu zärtlichen Gemeinsamkeiten und immer mehr zu erbitterten Zänkereien, bei denen Bosie geradezu aufzublühen schien, denn der Streit belebte ihn mehr als die Liebe, während er Wildes Nerven strapazierte. Auch wenn er mehr litt, glaubte Wilde, in der Beziehung zu Alfred Douglas jederzeit Herr der Lage zu sein und sich im entscheidenden Augenblick von dem jungen Freund trennen zu können. Es gab viele Augenblicke, die entscheidend hätten sein können.

»Soweit ich mich entsinne, kündigte ich Dir regelmäßig alle drei Monate die Freundschaft, und jedesmal brachtest Du es fertig, sei es durch Bitten, Telegramme, Briefe, durch Vermittlung Deiner oder auch meiner Freunde und auf sonstige Art, daß ich Dich wieder aufnahm«, erinnert sich Wilde in *De Profundis*.

Einmal fungierte sogar Oscars Frau Constance, die den arroganten, impertinenten Douglas instinktiv nicht ausstehen konnte (ohne von der homosexuellen Beziehung zu wissen) als Vermittlerin. In Absprache mit Lady Queensberry, Douglas' Mutter, hatte Wilde dem Freund zu einer Reise nach Ägypten geraten, in der Hoffnung, Bosie werde im diplomatischen Dienst eine Stelle annehmen und auf Jahre dort bleiben. Aber weit gefehlt! Douglas' tägliche Briefe aus Ägypten gipfelten in einer Selbstmorddrohung, falls Wilde ihn nicht zu sich zurückkommen lasse. Die arglose Constance bat ihren Gatten, nicht unfreundlich zu sein und Alfreds Bitte zu erhören.

Alfred kam nach drei Monaten aus Ägypten zurück, und das Spiel von Liebe, Zank, Drohung und Versöhnung begann von neuem. Im Herbst 1894 kulminierte es in einer Szene, die wirklich das Ende der Affäre versprach. Wilde hatte sich, um an seinem neuen Stück *An Ideal Husband* zu schreiben, in dem Badeort Worthing an der englischen Südküste ein Quartier gemietet. Bosie reiste ihm nach, langweilte sich aber sehr in Worthing und veranlaßte die Übersiedlung der beiden ins Grand Hotel nach Brighton. Dort erkrankte er an einer fiebrigen Grippe. Oscar ließ auf der Stelle sein Werk im Stich und widmete sich der exquisitesten Krankenpflege. Er ließ exotische Früchte aus London kommen, orderte hübsche Geschenke für den Kranken und sorgte Tag und Nacht abwechselnd und wunschgemäß für seine Ruhe und seine Unterhaltung. Nach fünf Tagen war Alfred genesen. Man zog in ein gemietetes Haus, und Wilde wollte wieder schreiben, doch hatte er sich bei Bosie angesteckt. Er mußte nun selbst mit hohem Fieber ins Bett. Seinerseits nun den kranken Freund pflegen zu sollen, empfand Bosie als Zumutung. Aus Oscars Brieftasche versorgte er sich mit den nötigen Scheinen und suchte Zerstreuung in den Casinos von Brighton. Da ihm die Bitten und Vorwürfe des Kranken auf die Nerven gingen, zog er auf Wildes Kosten auch wieder ins Grand Hotel. Am 16. Oktober beging Oscar Wilde seinen vierzigsten Geburtstag, krank und allein. Unter den Gratulationsschriften fand er einen Schmähbrief von Alfred Douglas, der mit den Worten endete: »Wenn Du nicht auf Deinem hohen Sockel sitzt, bist Du uninteressant. Falls Du wieder einmal krank wirst, verschwinde ich auf der Stelle.«

Damit war das Maß voll. Wilde wollte endgültig allen Kontakt zu Douglas abbrechen und auch dessen Vater, dem Marquess of Queensberry, von der Trennung Kenntnis geben, denn dieser schickte ihm schon seit Monaten wegen der anrüchigen Freundschaft mit Bosie die unverschämtesten Briefe zu und drohte mit Handgreiflichkeiten und öffentlichen Schmähungen.

Im Begriff, seinen Entschluß in die Tat umzusetzen, las Wilde in der Morgenzeitung die Todesanzeige von Bosies ältestem Bruder, Drumlanrig Douglas. Der Erbe des Titels von Queensberry war unter fragwürdigen Umständen bei einem Jagdunfall ums Leben gekommen (in unterrichteten Kreisen wurde gemunkelt, daß ein Erpressungsversuch wegen seiner homoerotischen Beziehung zu Außenminister Rosebery den jungen Mann in den Selbstmord getrieben hätte). Wilde griff sofort zur Feder. Statt Bosie die Freundschaft aufzukündigen, übermittelte er ihm sein tiefstes Mitgefühl und forderte ihn auf, so bald als möglich zu ihm zurückzukommen. Wieder war ein entscheidender Augenblick vertan, aber noch nicht der entscheidendste. Der folgte fünf Monate später und brachte Wildes völligen Ruin.

Die Erkenntnis, welche Rolle er für Alfred Douglas gespielt hatte, kommt Oscar Wilde erst im Zuchthaus von Reading. Erst als die Falle zugeschnappt ist, begreift er, wie sie gelegt wurde, begreift, daß Alfred ihn unter dem Signum der Liebe und der Freundschaft zum Instrument seines jedes andere Gefühl dominierenden Hasses gegen seinen Vater gemacht hatte.

Der neunte Marquess of Queensberry war ein jähzorniger Grobian, der mit seiner geschiedenen Frau und den drei Kindern aus dieser Ehe im Streit lebte und seine ganze Energie darauf verwandte, seine Familie zu schikanieren. Daß sein jüngster Sohn in Oxford ein Versager war und sich in zweifelhafter Gesellschaft herumtrieb, hatte ihn gewurmt und veranlaßt, die Unterhaltszahlungen einzustellen. Daß dieser ungeratene Sohn sich dann aber von einem berühmt-berüchtigten Dandy wie Wilde aushalten ließ, war eine Herausforderung, die Queensberry nicht kampflos hinzunehmen bereit war. Er setzte nicht nur seinem Sohn, sondern auch dessen Freund und ›Verderber‹ Wilde mit Drohbriefen und cholerischen Auftritten in der Öffentlichkeit zu. Douglas konterte diese Angriffe mit ebenso cholerischen Ausbrüchen und forderte Wilde immer wieder auf, mit gerichtlichen Schritten gegen seinen Vater vorzugehen.

Ihren Höhepunkt erreichten die Querelen, als Queensberry im Februar 1895, kurz nach der spektakulären Aufführung von *The Importance of Being Earnest*, in Wildes Club eine Karte abgab, auf der er den gefeierten Bühnenautor als Sodomiten bezeichnete. Jetzt war der gelassene und nachsichtige Oscar Wilde aufgebracht genug, um ernstlich eine Verleumdungsklage gegen Queensberry zu erwägen. Bosie war zu diesem Zeitpunkt mit einem anderen Jüngling beschäftigt und wegen einer verweigerten Hotelkostenrechnung mit Wilde zerstritten. Dieser beriet sich mit Robert Ross, dem vertrauten, ihm stets in Treue zugetanen Freund, und der beschwor ihn, von einer Klage gegen einen Mann wie Queensberry, Mitglied des englischen Hochadels, abzulassen. Ross war nicht irgendein Freund, sondern derjenige, der als erster Wilde zur homosexuellen Liebe verführt hatte, der also wußte, daß Queensberrys Titulierung keine Verleumdung darstellte. Außerdem erinnerte Ross daran, daß für den Tatbestand der praktizierten Homosexualität nach einem erst einige Jahre zuvor erlassenen Gesetz Zuchthausstrafe von bis zu zwei Jahren stand. Statt diesen Bedenken und den eigenen Zweifeln nachzugeben, beriet Wilde sich dann doch mit dem inzwischen von den jüngsten Beleidigungen seitens seines Vaters informierten Bosie, der triumphierend herbeieilte und nicht locker ließ, bis ein Anwalt konsultiert war, der, Wildes Unschuld voraussetzend, zu der Verleumdungsklage riet. Wildes Bedenken, daß er kein Geld für die Gerichtskosten hätte, zerstreute Bosie mit der Versicherung, Lady Queensberry und sein Bruder Percy würden mit Freuden jede Summe zahlen, um dem alten Querulanten eins auszuwischen und das Handwerk zu legen.

Von Bosie getrieben erstattete Wilde Strafanzeige, und der Marquess wurde verhaftet. Einen fataleren Liebesbeweis konnte Oscar Bosie nicht erbringen. Der Prügelknabe zwischen zwei Cholerikern schrieb später: »Blind tappte ich dahin wie ein Ochse zum Schlachthaus.« Warum er blind und taub gegen alle Warnungen blieb, ist ein Rätsel. Viele besorgte Freunde rieten ihm bis zuletzt, sich dem anberaumten Prozeß durch Absetzung nach Frankreich zu entziehen. »Begehen Sie keinen Selbstmord«, warnte der Publizist Frank Harris, der nicht einmal wußte, daß Wilde tatsächlich homosexuell war, der aber die britische Moral richtig einschätzte und sicher war, daß kein Gericht einen Vater verurteilte, der seinen Sohn vor verderblichem Umgang schützen wollte.

Warum beging Wilde eine Tollkühnheit, die ihn alles kostete, seinen Namen, seine Familie, seine Freiheit, seine Gesundheit, sein Leben? War es die Sehnsucht nach der ultimativen Erfahrung oder Selbstüberschätzung oder Kopflosigkeit oder Fatalismus oder alles zusammen? Wilde hat seine Motive nie begriffen, aber er hat die Folgen seines Handelns als sein Schicksal akzeptiert.

Der Prozeß gegen Queensberry fand Anfang April 1895 statt und ging noch schlimmer aus, als die Freunde vorausgesagt hatten. Queensberry hatte auf Drängen seines Verteidigers Edward Carson (Landsmann und Studienkollege von Wilde und ein notorischer Karrierist) schweres Belastungsmaterial gegen den Kläger zusammentragen lassen. Außer inkriminierenden Schriften, darunter Wildes oben zitierter Hyakinthos-Brief, der einem Erpresser in die Hände gefallen war, und entsprechenden Passagen aus *Dorian Gray*, hatte man Zeugen aus dem Strichermilieu aufgetan, die, entsprechend belohnt, bereit waren, gegen Wilde auszusagen. Noch bevor diese in den Zeugenstand gerufen wurden, beantragte der Vertreter des Klägers, die Verhandlungen um einen Tag auszusetzen. Er wollte Zeit gewinnen, um seinem Mandanten – wie in Verfahren dieser Art in der besseren englischen Gesellschaft üblich – die Möglichkeit zur Flucht ins Ausland zu geben. »Ich bleibe«, entschied Oscar Wilde.

Tags darauf wurde Queensberry unter tosendem Applaus und zur hämischen Genugtuung der britischen Öffentlichkeit freigesprochen. Damit drehte sich der Spieß um. Wenn Queensberry sich nicht der Verleumdung schuldig gemacht hatte, hieß das nichts anderes, als daß Wilde Sodomit war, also den Tatbestand strafbarer Homosexualität erfüllte. Der Haftbefehl gegen ihn erging noch am selben Tag. Wieder hatte Wilde die Chance zur Flucht in den Stunden zwischen Queensberrys Freispruch und seiner Verhaftung ungenutzt verstreichen lassen. Das war das Ende seiner glanzvollen Karriere. Noch bevor er in zwei weiteren Prozessen für schuldig befunden und zur Höchststrafe von zwei Jahren Zuchthaus mit Zwangsarbeit verurteilt wird, verschwindet sein Name von den Theaterplakaten, die Stücke werden abgesetzt, Wilde wird zur Unperson.

Gelegenheit zur Flucht gibt es noch einmal. Zwischen den beiden Prozessen gegen Wilde – im ersten sind die Geschworenen sich nicht einig, und die Staatsanwaltschaft, begierig darauf, ein Exempel zu statuieren, besteht auf einem weiteren Verfahren – liegt eine Zeitspanne von einem Monat. Auf Kaution freigelassen, doch auf Queensberrys Betreiben hin von keinem Hotel aufgenommen, nimmt der Angeklagte Zuflucht im Haus seiner Mutter, dann bei Freunden. »Er ist ein irischer Gentleman, er wird sich den Dingen stellen«, sagt sein Bruder. Oscars englische Freunde halten ihn für einen Narren. George Bernhard Shaw, mehr Rivale als Freund seines Landsmanns, glaubt, daß Wildes unbeugsamer irischer Stolz ihn daran gehindert hätte zu fliehen.

Wilde hat durch seine blinde Loyalität zu Bosie, durch sein unbestechliches Ehrgefühl, durch die bigotte Moral einer Gesellschaft, die vernichtet, was ihrer heuchlerischen Fassade gefährlich werden kann, alles verloren. Nach seiner Verurteilung werden sein Haus, seine wertvolle Bibliothek, seine Möbel und seine liebevoll gesammelten Utensilien versteigert, der Erlös reicht nicht einmal aus, um die Gerichtskosten zu zahlen. Der Queensberry-Clan denkt nicht daran, sich für Wildes Dilemma verantwortlich zu fühlen, und auch von Bosies Versprechen, die Kosten zu übernehmen, ist keine Rede mehr. Die britische Öffentlichkeit will von dem ehemaligen Günstling nichts mehr wissen. Seine Frau ändert ihren Namen und nimmt die beiden Söhne Cyril und Vyvyan – das Sorgerecht ist dem Vater entzogen worden – mit ins Ausland. Dorthin haben sich auch längst die in seine Geschichte verwickelten Freunde abgesetzt. Bosie als letzter. Immerhin besuchte er den Angeklagten noch täglich, als dieser in Untersuchungshaft saß, und erhielt von Oscar die innigsten Liebesbriefe.

»Unsere Seelen waren füreinander geschaffen, und als ich

Deine Seele durch die Liebe erfuhr, da hat die meine sich über das Schlechte erhoben, hat die Vollkommenheit erahnt und ist zum göttlichen Wesen der Dinge gelangt.« … »Du hast mir das göttliche Geheimnis der Welt entschleiert« … »Meine süße Rose, meine zarte Blume, meine Lilie aller Lilien, vielleicht werde ich im Kerker die Macht der Liebe erproben müssen. … Selbst mit Schmutz beworfen, werde ich noch Dein Lied singen. … Ich bin entschlossen, mich nicht aufzulehnen, sondern in der Demut der Liebe alle Schmach zu dulden, meinen Leib entehren zu lassen, wenn nur meine Seele immer Dein Bild bewahrt.«

Die Aufregungen der großen Krise hätten das verglimmende Feuer ihrer Liebe von neuem angefacht, schrieb Douglas später in seinen Memoiren, die im übrigen außer naiv-dreisten Selbstrechtfertigungen nicht viel Wahrheitsgetreues enthalten.

Wilde erlitt alle Schmach und alle Entbehrungen des Leibes und duldete sie in jesusgleicher Ergebenheit. Sein ›anmutiger Knabe mit dem Christusherzen‹, wie er Bosie gern genannt hatte, verließ England vor dem zweiten Prozeß, Wilde hatte ihn beschworen, es zu tun, um nicht in die Verhandlungen verwickelt zu werden. (»… geh nach Italien und gewinne Deinen Frieden zurück und schreibe die lieblichen Verse, die Dir mit so seltener Anmut gelingen. Bleibe unter keinen Umständen in England.«) Bosie tat wie ihm geheißen, und Wilde erhielt während der zwei Jahre der Inhaftierung keine Zeile mehr von ihm, geschweige denn einen Besuch. Nur den Gedichtband, den er in Frankreich verfaßte, den wollte Bosie dem gefangenen Freund widmen und auf diese Art seine freundliche Anteilnahme mit einer geschickten verkaufsfördernden Strategie paaren. Wilde verbat sich die Ehrung.

Das Zuchthaus stellte die Macht seiner Liebe zu Alfred Douglas auf ungeahnt harte Proben. Während der ersten

Zeit der Inhaftierung verliert Wilde fast den Verstand. Der Mann, der den Luxus gekostet und geliebt hatte wie ein König, liegt nachts schlaflos auf einer Holzpritsche, tagsüber steht er in der groben, mit großen gelben Pfeilen markierten Häftlingskleidung in der Tretmühle, zupft Werg, näht Postsäcke, schrubbt Kot und Urin aus seiner Zelle. Er wird krank. Man verlegt ihn von Pentonville nach Wandworth und schließlich nach Reading westlich von London. Bei der Überführung steht er in Häftlingskleidung und Handschellen eine halbe Stunde lang auf dem Bahnsteig von Clapham Junction und wird von einer hämisch spottenden und johlenden Schar von Gaffern umringt. Es ist der entehrendste Augenblick seiner Zuchthausjahre; der schmerzvollste ist, als er vom Tod seiner Mutter erfährt.

Als ihm alles genommen ist und er nur noch das eigene Leben zu verlieren hat, bessern sich seine Haftbedingungen. Wilde bekommt Schreibpapier und darf sich Bücher bestellen, die ihm seine wenigen treugebliebenen Freunde ins Gefängnis bringen. Die letzten Monate seiner Strafverbüßung sind für Wilde von der Aufgabe erfüllt, einen Brief an Bosie zu schreiben, um Rechenschaft abzulegen über ihre verhängnisvolle Freundschaft, aber auch, um den Boden zu bereiten für eine Zukunft, die ihnen in einer reiferen Liebesgemeinschaft vergönnt sein könnte, soweit Bosie bereit wäre, sich der Vergangenheit zu stellen, seine Charakterlosigkeit einzugestehen und sich von dem durch Leid geläuterten Freund einer Welt zuführen zu lassen, die den schalen Genüssen ihrer früheren Jahre an Schönheit und Wahrheit weit überlegen wäre.

Wilde, dem Paradoxen der Gefühle weit mehr zugetan als der Logik des Verstandes, bleibt bei aller Wandlung, die er den Gefängnisjahren zuschreibt, sich im Innersten treu. Er verflucht den charakter- und phantasielosen Freund und hört doch nicht auf, ihn zu lieben. Er schämt sich, von dieser unwürdigen Freundschaft beherrscht gewesen zu sein und akzeptiert sie zugleich als sein Schicksal. In Schmutz und Ekel verstoßen, wird Wilde nicht selber zum Ekel, sondern singt das hohe Lied der Liebe und Vergebung. Keine Sekunde lang bereut er, den unwerten Freund davor bewahrt zu haben, selbst wegen Homosexualität belangt zu werden. Die Wahrheit über Douglas hätte dem Prozeß eine andere Wendung gegeben und Queensberrys Sieg empfindlich geschmälert. Doch diese Berechnung war unter Wildes Würde. »Glaubst Du vielleicht, daß Du zu irgendeiner Zeit unserer Freundschaft der Liebe würdig warst, die ich Dir zeigte, oder daß ich Dich auch nur einen Augenblick lang ihrer würdig gehalten hätte? Ich wußte, daß Du sie nicht verdientest. Doch die Liebe feilscht nicht auf dem Markt und rechnet nicht nach der Krämerwaage.... Das Ziel der Liebe ist zu lieben: nicht mehr und nicht weniger. Du warst mein Feind: Ich hatte Dir mein Leben geschenkt, und um die niedrigsten aller menschlichen Leidenschaften zu befriedigen, Haß, Eitelkeit und Gier, warfst Du es weg.«

Alle diese Erkenntnisse, die Wilde Bosie in der unter dem Titel *De Profundis* berühmt gewordenen Schrift mitteilt, dienen nur dem einen Zweck, sich weiter die Liebe zu erhalten. »Ich muß alles, was mir widerfahren ist, als gut für mich bejahen ... Ich muß versuchen, jede einzelne Demütigung des Leibes zu einem Erlebnis der Seele zu machen.« Gegen besseres Wissen hofft Wilde, Bosie und die ganze Welt kraft der eigenen Läuterung zu verwandeln. In der Euphorie der erhaltenen Liebesfähigkeit erträumt er sich die Möglichkeit eines wunderbaren Neuanfangs nach der Kerkerzeit. »Du bist zu mir gekommen, um die Freuden des Lebens und der Kunst kennenzulernen. Vielleicht bin ich ausersehen, Dich weit Wunderbareres zu lehren: den Sinn des Leids und seine Schönheit. Dein Dich liebender Freund Oscar Wilde.« So endet die viele viele Seiten umfassende Epistel – nach Wildes

Biographen Richard Ellmann einer der bedeutendsten und längsten Liebesbriefe, die je geschrieben wurden, freilich auch einer der vergeblichsten. Denn wieder ist es ein Liebesbeweis, dessen Douglas nicht würdig war. Weder Douglas noch die Welt hatten sich geläutert, oder waren zur Läuterung bereit, als der durchs Fegefeuer gewandelte Oscar Wilde im Mai 1897 aus der Haft entlassen wurde. Ein paar Monate lang tragen ihn Glaube und Hoffnung, dann konnte er sich der Erkenntnis, daß die Welt ihn, den Gefallenen und Geschmähten, vom Podest Gestürzten, nicht mehr haben wollte und daß er ohne ihre Anerkennung nicht lebensfähig war, nicht länger verschließen.

Sofort nach seiner Entlassung geht Wilde nach Frankreich. Zunächst will er Bosie noch nicht sehen. Die versöhnungsbereite Constance droht ihm, ihre Zahlungen aus dem Ehevertrag einzustellen, falls er zu Douglas zurückkehren würde. Von den einhundertfünfzig Pfund jährlich, die Constance ihm bewilligt, könnte ein normaler Sterblicher leben, doch der Luxus, den Oscar zu seinem Wohlbefinden braucht, läßt sich damit nicht bezahlen. Wilde versucht zu schreiben. Er verfaßt sein letztes großes Gedicht *Die Ballade vom Zuchthaus zu Reading*, aber kein renommierter Verleger ist bereit, es zu drucken, und als *Die Ballade* schließlich bei Leonard Smithers erscheint, wird es kein Erfolg.

Dann trifft Wilde Bosie wieder. Vor der inneren Verzweiflung und der Ächtung der Welt flüchtet er zurück zu dem innigst geliebten, liebesunfähigen Freund. »Natürlich liebe ich ihn wie eh und je, mit einer tragischen und verderbenbringenden Liebe«, schreibt Wilde an Robert Ross. Ihm ist völlig bewußt, daß seine Rückkehr zu Bosie unvermeidlich war (»allein darum, weil er mein Leben zerstört hat, muß ich ihn lieben«), auch daß Alfreds »vergoldete Seele der Schändlichkeit« keiner Wandlung fähig ist. Nachdem er durch den Tod seines Vaters zu Geld gekommen ist, entzieht sich Bosie dem erfolglosen, armen, gedemütigten und verachteten Wilde wieder und verweigert ihm jede Unterstützung.

Drei Jahre wandert Wilde unter dem Pseudonym Sebastian Melmoth (nach *Melmoth, der Wanderer*, einem Roman seines Großonkels Charles Maturin) durch Europa: ein Trinker, ein Paria, immer noch ein Verschwender, immer noch ein brillanter Unterhalter – wenngleich ohne Publikum – , und immer noch ein Träumer. Seine Situation ist desolat, »dennoch baue ich weiter an meinen goldenen Luftschlössern«, schreibt er, »wir Kelten tun das immer«.

Im Spätherbst des Jahres 1900 geht seine Wanderung zu Ende. Oscar Wilde stirbt sechsundvierzigjährig in einem Pariser Hotel an Meningitis.

In seinen letzten Momenten wähnte er sich auf der Fähre nach Irland.

# *Wo immer Du bist wird mir Irland sein*

## James Joyce und Nora Barnacle

Sie steht in der hin- und herdrängenden Menge auf den Landungsbrücken am North Wall Quay und beobachtet, wie er von seinem Vater und seinen Geschwistern Abschied nimmt. Keiner ist gekommen, um sie zu verabschieden. Weder ihre Familie in Galway, noch ihre Arbeitgeber in Finn's Hotel wissen, was sie vorhat, und werden hoffentlich ihr Verschwinden nicht bemerken, bevor das Schiff abgelegt hat. Sie sieht ihn an Bord gehen, schlägt den Kragen ihres geliehenen Mantels schützend vors Gesicht und greift nach ihrem Gepäck. Schemenhaft nimmt er sie wahr, wie sie stolzen Schritts über die Gangway kommt, und kann es kaum glauben, daß sie ihm wirklich folgt. Alle, außer Byrne, hatten ihm davon abgeraten, das Mädchen mitzunehmen, er solle sich bloß so ein Gewicht nicht um den Hals hängen, sie sei unter seinem Niveau und könne ihm nur hinderlich sein. Das Gerede hatte ihn wütend gemacht, seine Freunde wenigstens sollten seine Entscheidungen akzeptieren, von seinem Vater verlangte er es ja gar nicht, dem hatte er auch nichts von ihr gesagt.

An Bord geht sie auf ihn zu. Die Schiffssirene dröhnt durch den Nebel. »Werden die Schiffssirenen für uns ertönen?«, hatte er sie erst vor ein paar Wochen gefragt. Munter und vergnügt lacht sie ihm zu, ihr Haar und ihre Wangen fühlen sich warm und weich an. Nora ist bei ihm.

Als James Joyce und Nora Barnacle am Abend des 8. Oktober 1904 Dublin vom North Wall Quay verließen, war ihre Bekanntschaft fast auf den Tag genau vier Monate alt. Am 10. Juni waren sie sich in der Nassau Street zum erstenmal begegnet, das Mädchen mit dem kastanienbraunen, lockigen Haar und dem aufrechten, elastischen Gang und der junge Mann mit Seemannsmütze, Segeltuchschuhen und dem herausfordernden Blick. Diesem Blick hielt sie mühelos stand, und seine Frage, ob man sich wiedersehen könnte, beantwortete sie mit einem kecken »Warum nicht?«. Sie arbeitete als Zimmermädchen und Serviererin in Finn's Hotel und hatte in ein paar Tagen wieder Ausgang. Daß sie ihm gefiel, konnte sie seinen Augen ansehen, daß ihn aber auch ihr Name stark beeindruckte, ahnte sie nicht. Nora, wie Ibsens Nora. Joyce schätzte das Werk des norwegischen Dramatikers über alles und hatte schon mit achtzehn Jahren einen vielbeachteten Aufsatz darüber veröffentlicht. Auch Noras Nachname sagte ihm was, Barnacle, wie die Bernikelgans – Seevögel mochte er besonders gern. Zur verabredeten Zeit am 14. Juni bei Sir William Wildes Haus an der Ecke des Merrion Square erschien Nora zu Joyces großer Enttäuschung nicht. Mit einem vorsichtigen und respektvollen Briefchen an Fräulein Barnacle in Finn's Hotel setzte er nach: »Ich bin vielleicht blind. Ich betrachtete lange Zeit einen Kopf mit rötlich braunem Haar und stellte fest, daß es der Ihre nicht war. Ich ging recht niedergeschlagen nach Hause. Ich würde gern ein neues Treffen vorschlagen, aber vielleicht paßt es Ihnen nicht. Ich hoffe, Sie sind so freundlich, mir eines vorzuschlagen – falls Sie mich nicht vergessen haben!« Nora hatte ihn nicht vergessen. Sie traf ihn am Abend des 16. Juni am Merrion Square, spazierte mit ihm durch die dunkleren Straßen von Ringsend und erwiderte sein Begehren mit soviel sexueller Freizügigkeit, wie sie unbeschadet geben konnte. Für Joyce, den die Schamhaftigkeit der höheren Töchter, die er kannte, ebenso gereizt wie gelangweilt hatte, war Noras zupackende Zärtlichkeit eine Offenbarung. An jenem Tag, behauptete er später, habe Nora ihn zum Mann gemacht und er seinerseits machte den 16. Juni 1904 zum berühmtesten Datum der modernen Literatur, auf diesen einzigen Tag legte er die Handlung seines *Ulysses*.

James A. Joyce (auf das mittlere Initial für Augustine verzichtete er später), Verfasser einiger veröffentlichter Gedichte und Essays sowie eines in Arbeit befindlichen Romans, war zweiundzwanzig Jahre alt, als er Nora begegnete. Von seiner Genialität war er überzeugt, unsicher jedoch, ob die Welt imstande war, sie zu erkennen. Vor allem mißtraute er seinen Landsleuten. Die von Yeats und Lady Gregory so enthusiastisch propagierte keltische Renaissance war ihm zu rückwärtsgewandt und zu sentimental, seine Studienfreunde und Saufkumpane, mit denen er über Literatur, Philosophie und Frauen debattierte, zu oberflächlich. Er leistete sich, nachdem er Nora getroffen hatte, noch ein paar exzessive Sauftouren, sprach auch noch einmal eine Frau auf der Straße an und wurde von deren Begleiter, den er nicht wahrgenommen hatte, zusammengeschlagen. Doch bald ordneten die Zusammenkünfte mit Nora sein unstetes Leben. So oft es ging trafen sie sich, und die Zwischenzeit wurde mit werbenden und anzüglichen Briefchen überbrückt. »Ich bin in einem solchen Wirbel von Unannehmlichkeiten gewesen«, schrieb Joyce, »daß ich alles in Deinen Armen vergessen möchte. Komme also wenn Du kannst. Vermöge der apostolischen Kräfte, mir von seiner Heiligkeit Papst Pius dem Zehnten verliehen, gebe ich Dir hiermit die Erlaubnis, ohne Unterröcke zu kommen, um den päpstlichen Segen zu empfangen, den ich Dir mit Freuden erteilen werde. Der Deine im Namen des Juden in Agonie – Vincenzo Vannutelli (Kardinal-Diakon).« Ein andermal: »Ich höre nichts als Deine Stimme. Wie ein Idiot höre ich, wie Du mich ›Lieber‹ nennst.« Briefe und Handschuhe wurden als Fetische getauscht und jeweils stellvertretend mit ins Bett genommen. »Dein Handschuh lag die ganze Nacht neben mir – aufgeknöpft – aber benahm sich sonst sehr anständig – wie Nora.« Auch die beiden benahmen sich ziemlich anständig, wenngleich Joyce immer wieder bat, Nora möge zu ihren Treffen ohne Schnürleiber und »Brustharnische« kommen. Mit diesen Begehren konnte Nora umgehen. Schwieriger war für sie, eine gläubige Katholikin, Joyces Verachtung der Kirche und aller bürgerlichen Konventionen. Ihre Gespräche darüber brachten keine Verständigung, sondern Bedrückung. Aber Joyce wollte in diesen Fragen absolute Klarheit. Er setzte alles auf eine Karte und schrieb Nora eine ausführliche Selbstdarstellung:

29. August 1904
60 Shelbourne Road

Meine liebe Nora,

ich habe gerade mein Mitternachtsmahl beendet, das ich ohne Appetit aß. Als ich halb fertig war, merkte ich, daß ich mit den Fingern aß. Mir war übel, genau wie gestern abend. Ich bin sehr bedrückt. Entschuldige diese fürchterliche Feder und dieses schreckliche Papier.

Ich habe Dich heute abend vielleicht gequält mit dem, was ich sagte, aber bestimmt ist es gut, daß Du erfährst, was ich über die meisten Dinge denke? Mein Denken lehnt die ganze gegenwärtige soziale Ordnung und das Christentum ab – das Elternhaus, die anerkannten Tugenden, Klassenunterschiede und religiöse Doktrinen. Wie sollte mir der Gedanke ans Elternhaus Freude machen? Meins war nichts als eine Mittelstands-Geschichte, heruntergewirtschaftet durch einen Hang zur Verschwendung, den ich geerbt habe. Meine Mutter wurde, wie ich glaube, durch die Mißhandlung von meinem Vater, durch Jahre der Sorgen und durch die zynische Offenheit meines Betragens langsam umgebracht. Als sie im Sarg lag und ich ihr Gesicht sah – ein Gesicht, grau und vom Krebs zerstört –, begriff ich, daß ich auf das Gesicht eines Opfers sah, und ich verfluchte das System, das sie zum Opfer gemacht hatte. Wir waren siebzehn in der Familie. Meine Brüder und Schwestern bedeuten mir nichts. Nur einer meiner Brüder ist fähig, mich zu verstehen.

Vor sechs Jahren trat ich aus der Katholischen Kirche aus, die ich glühend haßte. Es war mir aufgrund der Regungen meiner Natur unmöglich, in ihr zu bleiben. Ich führte einen geheimen Krieg gegen sie, als ich Student war, und schlug die Stellungen aus, die sie mir anbot. Ich machte mich dadurch zum Bettler, aber ich behielt meinen Stolz. Jetzt führe ich einen offenen Krieg gegen sie, durch das, was ich schreibe und sage und tue. Der Gesellschaftsordnung kann ich mich nicht einordnen – außer als Vagabund. Ich habe dreimal begonnen, Medizin zu studieren, einmal Jura, einmal Musik. Vor einer Woche traf ich noch Anstalten, als Wanderschauspieler von hier fortzugehen. Ich konnte den Plan nicht energisch betreiben, weil Du mich am Arm festhieltest. Die gegenwärtigen Schwierigkeiten meines Lebens sind unglaublich, aber ich verachte sie.

...

Ich habe heute abend Dir gegenüber gespottet, aber ich meinte damit die Welt, nicht Dich. Ich hasse die Leute in ihrer Gemeinheit und Unterwürfigkeit, nicht aber Dich. Siehst Du die Einfachheit nicht, die hinter allen meinen Verkleidungen steckt? Wir alle tragen Masken. Gewisse Leute, die wissen, daß wir viel zusammen sind, beleidigen mich oft Deinetwegen. Ich höre ihnen gelassen zu, würdige sie keiner Antwort, aber das geringste Wort von ihnen wirbelt mein Herz um und um wie einen Vogel im Sturm.

...

Ich habe noch nicht ein Viertel von dem gesagt, was ich sagen will, aber es ist sehr mühselig, mit dieser verfluchten Feder zu schreiben. Ich weiß nicht, was Du von diesem Brief denken wirst. Schreibst Du mir, bitte? Glaub mir, meine liebe Nora, ich verehre Dich sehr, aber ich will mehr als

Deine Zärtlichkeiten. Wieder hast Du mich der Pein des Zweifels überlassen.

JAJ

Für Nora enthielt dieser Brief vor allem die Botschaft, daß es Joyce ernst war, daß er sie ernst nahm, und daß er selbst ernstgenommen und verstanden werden wollte. Sie hatte schon einige Männerbekanntschaften gemacht, aber doch noch nie erlebt, daß sich jemand so für ihre Person interessierte. Joyce war geradezu begierig darauf, alles über ihre Kindheit und Jugend, ihre Familie und ihre Liebhaber zu erfahren. Und sie erzählte ihm von ihrer Mutter, Annie Barnacle, am Bowling Green in Galway, die ihren Mann, der Bäcker war und ein schwerer Trinker, aus dem Haus geworfen hatte und mit Nähen und Schneidern für die Kinder aufkam, aber froh war, daß eins davon, Nora, bei der Großmutter aufwachsen konnte, weil es zu Hause zu eng und das Brot knapp war. Sie erzählte ihm von dem Studenten Michael Bodkin, der sie verehrt hatte und so jung an Tuberkulose gestorben war, von der Jugendfreundin Mary O'Holleran, mit der sie die schönsten Streiche ausgeheckt hatte und oft in Männerkleidung durch Galway gestrolcht war, von ihrem Onkel Tommy Healy, der sie mit seinem Spazierstock traktiert hatte, weil sie mit dem protestantischen Büroangestellten Willie Mulvey ausgegangen war und der sie mit dieser schweren Tracht Prügel dazu gebracht hatte, von Galway fortzulaufen und eine Anstellung in Dublin zu suchen. Sie erzählt ihm, daß sie zwar nicht nach Galway zurückwolle, sich in Dublin aber auch verloren vorkomme, die Besitzerin von Finn's Hotel sei eine launische Ziege und die Gäste entweder unfreundlich oder zudringlich.

Wie einsam Nora sich wirklich fühlte, wurde ihr durch die Zusammenkünfte mit Joyce erst bewußt. Sie waren sich bald gegenseitig so unentbehrlich geworden, daß ein Entschluß für die Zukunft gefaßt werden mußte. Joyce mußte entscheiden, was er wollte und wohin er wollte. »In Irland«, schrieb er Nora, »ist kein Leben, keine Natürlichkeit oder Aufrichtigkeit. Die Leute wohnen ihr Leben lang in denselben Häusern zusammen und am Ende sind sie soweit voneinander entfernt wie je.« Er suchte nach Arbeitsstellen im Ausland. Die Berlitz School bot verschiedene Lehrerstellen an. Während er auf Antwortschreiben wartete, wirkte er auf Nora, die mit ihm von Irland weggehen sollte, stiller und in sich gekehrter als sonst. »Lieber Jim«, schrieb sie – wie immer ohne Punkt und Komma – ein paar Tage vor ihrer gemeinsamen Abreise, »ich fühle mich heute abend so einsam ich weiß nicht was ich sagen soll es ist sinnlos mich hinzusetzen um zu schreiben wenn ich lieber mit Dir zusammen wäre ich hoffe Du hast gute Nachrichten wenn wir uns morgen abend treffen ich will versuchen 8.15 hier wegzukommen Alle meine Gedanken gehören Dir bis dann NORA«

Als Nora am North Wall Quay an Bord geht, blickt sie sich nicht mehr um. Sie läßt nichts zurück, das ihr wichtiger gewesen wäre als das Zusammensein mit dem restlos von sich selbst überzeugten Mann, der sie gefragt hat, ob sie mitkäme und dem sie ›ja‹ gesagt hat. Sein Optimismus, ob begründet oder nicht, entspricht ihrer Lebenshaltung. Sie ist bereit, das Glück, das ihm zufallen wird, mit ihm zu teilen, und alles andere auch.

Wenn der zwanzigjährigen Nora, die im Herbst 1904 mit ihrem Geliebten Irland verließ, ein Blick vergönnt gewesen wäre auf die Nora, die acht Jahre später zum erstenmal wieder Fuß auf heimatlichen Boden setzte, so hätte sie, allem Anschein nach, erfüllt gefunden, wovon eine Emigrantin nur träumen konnte. Damenhaft elegant gekleidet, mit einem aufgeweckten, italienisch plappernden Töchterchen an der

*James Joyce im Alter von etwa 30 Jahren*

Hand, entsteigt die attraktive, hochgewachsene Frau in der Westland Row Station in Dublin dem Schiffszubringer. Die zu ihrem Empfang versammelten Mitglieder der Joyce Familie sind tief beeindruckt. John Joyce weint vor Rührung. Er schämt sich seiner verächtlichen Worte über das einstige Zimmermädchen. Als er damals erfuhr, daß die Frau, die mit seinem Sohn durchgebrannt war, Barnacle hieß, hatte er geschrien, Barnacle – wie der Krebs, der sich klettenhaft an allem festhält, was ihm in den Weg kommt, ja dann werde sie ihn wohl nie verlassen! Jetzt steht er zum erstenmal dieser stattlichen, selbstbewußten Frau gegenüber und will ihr Anerkennung und guten Willen beweisen. Sie in Finn's Hotel zum Dinner einzuladen, scheint ihm eine besonders gelungene Idee. Nora hat nichts dagegen, sich als willkommene Schwiegertochter feiern zu lassen. Entgegen Jims Willen trägt sie einen imitierten Ehering. Sie will auf diesen Triumph keinen Schatten fallen lassen.

Aber wie triumphal waren die acht vergangenen Jahre wirklich gewesen? Es hatte die wunderschönsten Momente gegeben, aber auch die schwärzesten, und oft lagen sie ganz dicht beieinander, wie an jenem Tag in Zürich, als Joyce und Nora nach ihrer Flucht aus Dublin mit Zwischenstationen in London und Paris, wo Joyce Freunde um Geld anpumpte, oder es zumindest versuchte, endlich an ihrem Bestimmungsort angekommen, im Hotel Hoffnung ihre ›Hochzeitsnacht‹ verbrachten (»Nora ist nun keine Jungfrau mehr«, teilte Joyce seinem Bruder und intimen Vertrauten Stanislaus in Dublin mit) und gleich darauf erfuhren, daß es an der dortigen Berlitz School die über eine Agentur zugesagte Stelle nicht gab. Damit waren sie zwar ohne Einkommen, Joyce aber nicht ohne Arbeit, denn die eigentliche Aufgabe lag für ihn nicht im Unterrichten, sondern im Schreiben seiner geplanten Novellen und seines autobiographischen Romans; das Weitere mußte man dem Schicksal und der Hilfe anderer überlassen. Das Schicksal und die anderen fügten sich der Aufgabe, für Joyce und Nora zu sorgen. In der Hafenstadt Pola auf der Istrischen Halbinsel fand sich an der Berlitz School eine Lehrerstelle für Joyce. Ein halbes Jahr lang waren die beiden dort, dann zogen sie nach Triest, eine Stadt, die sie an Dublin erinnerte, in der sie sich wohl fühlten und wo ihre Kinder geboren wurden. Neuneinhalb Monate nach der Züricher Hochzeitsnacht kam der Sohn Giorgio zur Welt, zwei Jahre später die Tochter Lucia. Joyces Einkommen reichte nicht, um den Unterhalt seiner Familie zu finanzieren. Er schickte unentwegt Bitt- und Brandbriefe an Freunde und an seinen Bruder Stanislaus. Stanislaus folgte der Aufforderung, nach Triest zu kommen. Er kündigte seinen Posten als kaufmännischer Angestellter in Dublin und nahm in Triest eine Stelle an der Berlitz School an. Mit Jim und Nora teilte er sein Gehalt und die Sorgen und Aufregungen, die die beiden durch Kinder, Krankheiten und Joyces Trinkerei hatten. An ihren Freuden nahm er wenig teil. Er mißbilligte ihren chaotischen und verschwenderischen Lebensstil, sah nicht ein, daß Nora einerseits Wasch- und Bügelarbeiten für andere Leute übernahm, zum Beispiel für das Ehepaar Schmitz (der Fabrikant Ettore Schmitz, später bekannt als der Romancier Italio Svevo, war Joyces Privatschüler und wichtigste Bekanntschaft in Triest), andererseits gern und häufig mit ihrem Mann auswärts dinierte und sich mit zu teuren Hüten putzte. Auch die Geselligkeiten der beiden waren nicht nach seinem Geschmack. Wenn sein Bruder, das Schriftstellergenie, den kleinwüchsigen Freund Alessandro Francini in Giorgios Kinderwagen setzte und wild schreiend durch die Wohnung kutschierte, fand Stannie das nicht lustig. Nora schon, obwohl ihr das Lachen verging, wenn Francini ihren betrunkenen Jim nachts aus irgendeinem Rinnstein aufsammelte und nach Hause brachte. Dann gab es aber auch

*Nora Barnacle*

wieder die gemeinsamen Opernbesuche, die Nora ebenso genoß wie die Parties und Gesangsabende bei ihnen zu Hause. Nora nahm die Dinge, wie sie kamen. Sie hatte längst gelernt, daß das Leben mit Joyce ihr Flexibilität und Stoizismus gleichermaßen abverlangte. Sie stellte sich rasch auf seine impulsiven Entschlüsse ein, sei es, Länder zu wechseln – 1906/1907 war Joyce ein halbes Jahr lang in Rom Bankangestellter, eine Arbeit, die ihm zu wenig Zeit zum Schreiben ließ, deshalb kehrte er nach Triest und zum Unterrichten zurück –, sei es Wohnungen oder Freunde zu wechseln. Obwohl sie nicht alles guthieß, was Joyce unternahm, folgte Nora seinen Entscheidungen und Wünschen. Nur in einem verweigerte sie sich. Sie las nicht, was er schrieb, und er schrieb ununterbrochen. Einige seiner Gedichte aus der Zeit ihrer ersten Bekanntschaft konnte sie, zu seiner Freude und seinem Stolz, auswendig, aber für seine Prosa hatte sie nichts übrig.

Nach fünf Jahren Exil beschloß Joyce, daß es Zeit sei, einen Besuch in Irland zu machen. Er wollte seinen Vater wiedersehen, einen Verleger für seine inzwischen beendete Novellensammlung *Dubliner* finden und Noras Mutter in Galway kennenlernen. In Begleitung des kleinen Giorgio trat er im Sommer 1909 die Reise an. Sie nahm einen unvorhergesehenen Verlauf. Eine Woche nach seiner Ankunft in Dublin schrieb er nach Triest: »... O Nora, muß zwischen uns alles vorbei sein? Schreib mir, Nora, um meiner toten Liebe willen. Ich werde von Erinnerungen zerquält ... ich habe nur Dich geliebt: und Du hast meinen Glauben an Dich zerbrochen. O Nora, ich bin unglücklich. Ich weine um meine arme, unglückliche Liebe.« Was war der Grund dieser Verzweiflung? Joyce hatte in Dublin seinen alten Studienfreund Vincent Cosgrave wiedergetroffen, und Cosgrave erzählte ihm, daß Nora vor Jahren, als sie noch in Finn's Hotel arbeitete, ihre Gunst nicht nur Joyce erwiesen habe, sondern auch ihm, Cosgrave. Für Joyce brach eine Welt zusammen. Noras freimütige Art, die ihn gleich bei ihrer ersten Zusammenkunft an jenem geheiligten 16. Juni fünf Jahre zuvor so überwältigt hatte, erschien ihm plötzlich in einem anderen Licht. Er war also nicht der einzige, dem sie mit viel Geschick die Hose aufgeknöpft hatte, auch Cosgrave war in den Genuß ihrer Fingerfertigkeit gekommen, oder vielleicht in noch größere Gunst? War Giorgio überhaupt sein Sohn? In völliger Verstörtheit suchte Joyce einen anderen Freund aus jener Zeit auf, John Francis Byrne, der einzige, der ihm damals geraten hatte, Nora mitzunehmen, und Byrne versicherte ihm, daß Cosgraves Prahlerei nichts weiter als eine ›verdammte Lüge‹ sei. Joyces hysterisches Selbstmitleid schlug sofort in heftige Reue und glühendste Verehrung seiner treuen und »lauteren« Nora um. Von neu entfachter Liebe erfüllt, schreibt er der »zarten Geliebten« nach Triest: »Ich möchte Dich umgeben wissen von allem, was zart und schön und edel in der Kunst ist. Du bist kein armes, ungebildetes Mädchen, wie Du sagst. Du bist meine Braut, Liebling, und alles was ich Dir in diesem Leben an Freude und Wonne geben kann, möchte ich Dir geben ... unsere Liebe darf nie enden ...«.

Nach dem Fegefeuer der Eifersucht singt Joyce das hohe Lied der himmlischen Liebe und preist gleichzeitig auch die Lust des Fleisches. »Ich frage mich, ob etwas wie Irrsinn in mir ist. Oder ist Liebe Irrsinn? In einem Augenblick sehe ich Dich als Jungfrau oder Madonna, im nächsten sehe ich Dich schamlos, frech, halbnackt und obszön!« Ist auch Nora, möchte er wissen, »einen Augenblick in den Sternen und im nächsten niedriger als die niedrigste Kreatur?« Nora, ob sie sein Empfinden teilt oder nicht, geht jedenfalls auf Joyces erotische Phantasien ein und schreibt ihm aus Triest die erwünschten Obszönitäten. Ihre Briefe aus dieser Zeit sind verschollen, nur an Joyces Antworten ist zu erkennen, daß Nora vor Porno- und Fäkaliensprache nicht zurückschreckte. Durch die gegenseitigen schriftlichen Phantasien stimuliert, befriedigen sie jeweils die sexuelle Lust und machen sich Mitteilung davon, und als nach einem Monat der Trennung Stanislaus endlich das Geld für Joyces Rückreise nach Triest geschickt hat, kann das Paar seine erotischen Exerzitien wieder vereint betreiben.

Während dieser erstmaligen Trennung von Nora war Joyce bewußt geworden, welche Bedeutung sie für sein Leben und sein Schreiben hatte. »Alles, was edel und erhaben und tief und wahr und bewegend ist, in dem was ich schreibe, kommt, glaube ich, von Dir. Oh, nimm mich auf in das Innerste Deiner Seele, und dann werde ich wahrlich der Dichter meines Volkes werden. Ich fühle das, Nora, wie ich es schreibe. Mein Körper wird bald eindringen in Deinen, oh, könnte meine Seele es auch.«

Joyce brachte von seiner Reise die Erfahrung einer existentiellen Krise mit, die er nie völlig überwand. Um Eifersucht, Ehebruch, erotische Obsessionen, vermeintlichen und wirklichen Verrat kreisten seine Gedanken immer wieder und fanden Niederschlag in allem, was er in der Folgezeit schreiben sollte. Doch zunächst kam er wenig zum Schreiben. Denn schon bald sah er sich zu einer weiteren Reise nach Dublin veranlaßt. Seine Schwester Eva, die mit ihm nach Triest gereist war, um Nora bei der Versorgung der Kinder zu helfen, hatte in dieser Stadt etwas gefunden, das ihr großen Eindruck machte: das Kino. Sie fragte, warum es so etwas Wunderbares nicht auch in Dublin gäbe. Joyce, für profitversprechende Unternehmungen immer offen, entzündete sich sofort an dem Plan, in Dublin ein lukratives Kino zu etablieren, und wurde aktiv. Er interessierte für dieses Vorhaben Geschäftsleute aus Triest, und binnen einiger Wochen war er wieder in Dublin auf der Suche nach Geld, Personal und Räumlichkeiten für das Unterfangen. Nach zweimonatiger Organisationsarbeit eröffnete das Dubliner Kino Volta am 20. Dezember 1909. Ein finanzieller Erfolg war dem Unternehmen nicht beschieden. Damit war die Sache für Joyce erledigt. Er verbrachte die Weihnachtstage noch in Dublin, litt an Ischiasschmerzen, an Iritis, seinem chronischen Augenleiden, und an Dublin. »Ich will zurück zu meiner Geliebten, meinem Leben, meinem Stern, meinem kleinen seltsam-äugigen Irland«, schreibt er an Nora. Wieder treibt die Trennung ihn in Ungewißheit, Eifersucht, sexuelle Obsessionen und Liebeseuphorien, und wieder teilt er sie Nora in blumig schmachtenden, pornographisch schwelgenden Briefen mit. Nora, seine »wilde Heckenblume«, ist sein Leben, seine Liebesgespielin, seine Muse (»Ich weiß und fühle es, daß ich nur dann in Zukunft etwas Gutes oder Edles schreiben kann, wenn ich an den Türen Deines Herzens lausche«), und sie ist das Irland, das er in Dublin nicht findet. In einem alphabetischen Verzeichnis notiert er unter dem Namen Nora den Satz: »Wo immer Du bist wird mir Irland sein«.

Von seiner zweiten Dublinreise brachte Joyce ein weiteres Mitglied der Familie mit nach Triest: seine Schwester Eileen. Eva und Eileen wohnten mit Joyce, Nora und den Kindern zusammen. Stanislaus hatte sein eigenes bescheidenes Quartier und trug weiterhin zum Unterhalt der Menage seines Bruders bei. Joyce hielt in Triest Vorträge, gab Privatunterricht und schrieb. Der häusliche Tumult störte ihn nicht, im Gegenteil, das familiäre Treiben inspirierte ihn, er lauschte an Noras Herzen, lauschte ihrer klangvollen Stimme mit dem weichen west-irischen Akzent und ihren farbigen Ausdrücken (die sich in seinen Büchern wiederfinden). Dazu flirtete er gelegentlich mit seinen Schülerinnen, und Nora flirtete mit dem Zeitungsverleger Roberto Prezioso, der Joyces Artikel druckte und Nora »Irlandina« nannte.

Joyce ließ die beiden häufig allein, während er nebenan

seinen Privatunterricht gab. So lockte er den Stachel der Eifersucht (die ihm Stoff für seine Literatur lieferte), doch als Nora ihm berichtete, Roberto mache ihr den Hof, reagierte er hysterisch, beschimpfte Prezioso auf offener Straße und brach den Kontakt zu ihm ab.

Nora litt unter solchen Ausbrüchen, wie sie auch unter Joyces Trinkerei, seiner Rastlosigkeit, seiner widersinnigen Art der Geldverschwendung und seiner Unfähigkeit, es zu beschaffen, litt. Aber sie liebte ihn, war gern mit ihm zusammen, genoß seine Großzügigkeit, kaufte sich elegante Kleider und fand ihr Leben interessant. Außerdem hoffte sie, daß Joyce mit seinen Büchern doch noch Erfolg haben, endlich Geld verdienen und nicht mehr von den Zuwendungen anderer abhängig sein würde.

Als Nora im Sommer 1912 nach Dublin reiste, hatte sie den Auftrag, bei dem Verleger George Roberts die Veröffentlichung der *Dubliner* voranzutreiben. Vielleicht würde sich, wenn das geschafft war, das Blatt wenden.

Während Nora in Finn's Hotel mit John Joyce und seinem jüngsten Sohn Charles beim Dinner sitzt, erzählt sie von ihrem bevorstehenden Besuch bei Roberts von Maunsel & Co. John Joyce und Charles beschließen, sie zu begleiten, um mit vereinten Kräften auf den säumigen und feigen Verleger Druck auszuüben.

George Roberts von Maunsel & Co. machte keine Zusage, Joyces Erzählungen zu veröffentlichen. Es würde ihn in Schwierigkeiten bringen, sagte er, die Geschichten enthielten zuviele beleidigende und unmoralische Passagen, man würde sich Verleumdungsklagen damit einhandeln. Nora übermittelte diesen Bescheid nach Triest, doch ihr Brief erreichte Joyce dort nicht mehr. Er hatte nach ihrer Abreise so unter der Trennung gelitten, daß er Ettore Schmitz um einen Vorschuß auf das Unterrichtsgeld gebeten und sich zusammen mit dem kleinen Giorgio ebenfalls auf den Weg nach Irland begeben hatte. Nora freute sich über sein unerwartetes Auftauchen, sie war stolz darauf, den Freunden und der Verwandtschaft zeigen zu können, wie sehr Jim an ihr hing. Gemeinsam besuchten sie nun die Stätten von Noras Kindheit, und Annie Barnacle sang für ihren hoch geschätzten Schwiegersohn wieder *Die Dirn von Aughrim*, wie schon bei Joyces erstem Besuch in Galway drei Jahre zuvor. Nora und Joyce unternahmen in Connemara Rad- und Rudertouren, sie besuchten die Galway Races, die Aran Inseln und den Friedhof, auf dem Noras Jugendfreund Michael Bodkin begraben lag. Joyce hatte dem früh verstorbenen Jüngling schon in seiner Erzählung *Die Toten* ein Denkmal gesetzt und seine Eifersucht auf Noras Vergangenheit der Figur des Gabriel Conroy mitgegeben.

Mit der Unbeschwertheit der Sommerwochen in Galway war es bald vorbei. Stanislaus telegraphierte aus Triest, daß ihre Wohnung wegen versäumter Mietzahlungen gekündigt worden war, und George Roberts teilte Joyce mit, er könne *Dubliner* nur dann veröffentlichen, wenn tausend Pfund für etwaige gerichtliche Verfolgungen hinterlegt würden. Während Joyce sich noch bemühte, diese Summe aufzubringen, beendete der Drucker von Maunsel & Co. alle Verhandlungen zwischen Autor und Verleger dadurch, daß er die Druckfahnen des anstößigen Buches einfach vernichtete. Joyce verfaßte ein Schimpfgedicht auf seinen zögerlichen Verleger und auf sein bigottes und verräterisches Vaterland.

»Diesem lieblichen Land, dem's schon immer gefiel,
seine Künstler zu treiben ins ferne Exil,
und das – ein typisch irischer Spaß –
seine eigenen Führer verriet und vergaß«,

diesem Land kehrte er im September 1912 für immer den Rücken und reiste mit Nora und den Kindern nach Triest zurück. Dort hatte der verläßliche Statthalter Stanislaus bereits eine neue Wohnung für sie gemietet. Joyce gab weiterhin Unterricht und schrieb, Nora hielt ihn bei Laune und versorgte Haushalt und Kinder. Ein Jahr später sollte sich ihre Lage verbessern.

Im Spätherbst 1913 erhielt Joyce zwei Briefe aus London, die seiner Karriere den Weg bereiteten. Der eine kam von Grant Richards, einem englischen Verleger, der sich entschlossen hatte, die früher schon einmal von ihm abgelehnten *Dubliner* nun doch zu veröffentlichen. Den anderen schrieb der junge amerikanische Dichter Ezra Pound, der als Redakteur für die Zeitschrift *Egoist* tätig und von Yeats auf Joyce aufmerksam gemacht worden war. Ob Joyce nicht zufällig irgendwelche Manuskripte habe, die er gern veröffentlicht sehen würde, wollte Pound wissen. Joyce schickte ihm das unabgeschlossene Manuskript von *Portrait des Künstlers als junger Mann*, eine Neufassung seines umfangreichen und unveröffentlichten autobiographischen Romans *Stephen, der Held*. Pound war von dem Text sehr beeindruckt und schlug ihn sofort für die Veröffentlichung im *Egoist*, einer an Avantgarde-Literatur interessierten Zeitschrift, vor. Die damalige Herausgeberin des *Egoist* Harriet Shaw Weaver stimmte, nachdem sie das erste Kapitel von *Portrait des Künstlers als junger Mann* gelesen hatte, Pounds Votum zu. Ihr Verdienst um Joyces Leben und Werk sollte bald noch weitere Dimensionen annehmen.

Nachdem *Dubliner* veröffentlicht war, und *Portrait des Künstlers als junger Mann* in Fortsetzungen im *Egoist* erschien, hatte Joyce den Rücken frei, um sich endlich dem Projekt zuzuwenden, das ihm schon seit seines Romaufenthaltes im Kopf herumging, einer modernen, im Dubliner Kleinbürgertum angesiedelten Odyssee. In seiner Joyce-Biographie bezeichnet Richard Ellmann *Ulysses* als ein »Hochzeitsgedicht«, weil das Datum des Romans der 16. Juni ist, weil Mollys von Noras Redeweise inspirierter großer Monolog das Buch beendet, weil Molly und Leopold Bloom trotz Untreue, Mißverständnissen und scheinbarer Gleichgültigkeit einander unverbrüchlich zugetan sind.

Von 1914 bis 1921 schrieb Joyce an diesem Buch, das, auch wenn es ein Hochzeitsgedicht sein mochte, Nora nicht gefiel. Was Joyce ihr daraus vorlas, verstand sie nicht, oder sie fand es unanständig und war peinlich berührt von der Erinnerung an den obszönen Briefwechsel aus vergangenen Tagen. Obwohl ihr dieses Buch unangenehm war, akzeptierte Nora Joyces Arbeit als Mittelpunkt ihres Familienlebens, dem alles andere untergeordnet werden mußte. Von den politischen Ereignissen, die die Welt aus den Fugen brachten, ließ Joyce sich in seiner Arbeit nicht beirren, aber nach Österreichs Eintritt in den Ersten Weltkrieg mußten die dort lebenden Ausländer Triest verlassen. Jim und Nora zogen nach Zürich in die neutrale Schweiz, Eileen hatte einen Tschechen geheiratet und ging mit ihm nach Prag, Eva war schon vorher nach Irland zurückgekehrt. Stanislaus, der unermüdliche Hüter seines Bruders, war selbst nicht auf der Hut gewesen, er hatte seine Sympathie für die Italiener unvorsichtigerweise zum Ausdruck gebracht und wurde dafür von den Österreichern interniert.

Joyce und Nora lebten nun in einem neuen Land, Nora mußte eine neue Sprache lernen (Joyce konnte bereits deutsch), ein neuer Freundeskreis tat sich auf. Mit seinen Buchveröffentlichungen verdiente Joyce zwar kein Geld, aber er war bekannt geworden und genoß die Anerkennung und Verehrung der internationalen literarischen Avantgarde. Auch auf Nora fiel der Glanz des Ruhms. Wer mit Joyce zu tun haben wollte, konnte an ihr nicht vorbei und wollte es auch nicht, denn von Noras spontaner Herzlichkeit und ihrer humorvollen Gelassenheit waren die meisten seiner Verehrer entzückt. Zu ihren engsten Vertrauten in Zürich zählte der englische Maler Frank Bugden. Er malte Noras Porträt, und er sorgte dafür, daß Joyce nach ausgiebigen Zechereien sicher nach Hause kam, eine Aufgabe, die in Triest Francini oder Stanislaus zugefallen war. Für den in Triest eingesperrten Stanislaus, der als Geldgeber entfallen war, fand sich in Zürich unerwarteter Ersatz. Yeats hatte in England durchgesetzt, daß Joyce von der Königlichen Literaturstiftung ein jährliches Stipendium zuerkannt wurde. Freunde wie das Ehepaar Mary und Padraic Colum oder der New Yorker Anwalt und Schutzherr der Künste John Quinn brachten Geld zur Unterstützung des mittellosen Schriftstellers auf. Die amerikanische Mäzenatin und C.G. Jung-Anhängerin Edith Rockefeller McCormick setzte Joyce für den Zeitraum von einem Jahr ein monatliches Stipendium von tausend Franken aus. Die beständigste Geldgeberin aber war Harriet Shaw Weaver, die ihre Kapitalzuwendungen zunächst anonym anwies. Des öfteren fiel Nora die schöne Aufgabe zu, Joyce die Mitteilung von unerwarteten Geldeingängen zu überbringen.

Während der Kriegsjahre in Zürich gründete Joyce eine englische Theatergruppe, und in einer Aufführung von Synges *Reiter zum Meer* fiel Nora die Rolle der Cathleen zu. Auf der Bühne bewegte sie sich wie im wirklichen Leben: ohne Affektiertheit und Scheu. Trotz der Freude, die Nora an der Schauspielerei hatte, blieb diese nur ein kurzes Intermezzo während des letzten Kriegsjahres. James Joyce zog sich mehr und mehr in die Welt des *Ulysses* zurück. Sein Augenleiden zwang ihn mitunter, wenn sich niemand anderes fand, Nora zu bitten, Schreibarbeiten für ihn zu übernehmen. Sie begann, den *Ulysses*, für den sie ohnehin kein Verständnis hatte – »das Buch ist ein Schwein«, sagte sie in ihrem unvollkommenen Deutsch –, zu hassen. Nora fand, daß Joyce die

Sache übertrieb, wenn er, um Material für seinen Roman zu sammeln, sie zu amourösen Abenteuern zu animieren versuchte. Als sie sich weigerte, suchte Jocye ein eigenes Liebesabenteuer. Er machte seiner Züricher Nachbarin, einer gewissen Marthe Fleischmann, Avancen, nur um sie im *Ulysses* als die Gerty MacDowell zu verewigen, deren Anblick Leopold Bloom in eine kurze Exstase versetzt. Nora erfuhr von der Episode Fleischmann nichts. Erst die posthumen Briefe der Dame kündeten der Nachwelt davon, ließen aber auch erkennen, daß ein Ehebruch nicht stattgefunden hatte. Wobei von Ehebruch ohnehin die Rede kaum hätte sein können, denn vor dem Gesetz waren Joyce und Nora nicht verheiratet, was in Zürich allerdings niemand wußte und vermutet hätte, denn alljährlich wurde mit Freunden und Kindern im großen Stil der 8. Oktober als Hochzeitstag gefeiert.

Nach Kriegsende kehrten Joyce und Nora für eine Weile nach Triest zurück. Stanislaus, aus der Gefangenschaft entlassen, hatte mit der aus Prag mit Mann und Kindern zurückgekehrten Eileen eine große Wohnung bezogen, aber es bestand weder das Interesse noch die Möglichkeit, die familiären Verhältnisse wieder so zu gestalten, wie sie vor dem Krieg gewesen waren. Alle hatten sich verändert. Am meisten Joyce selber. Er lebte in seinem Buch und machte alle anderen, wenn sie es zuließen, zu Sklaven seines großen Œuvres. Er trank zuviel, ging mit seiner literarischen Obsession anderen auf die Nerven, und so war vor allem Stanislaus erleichtert, als Joyce beschloß, einer Aufforderung Ezra Pounds nachzukommen und nach Paris zu gehen.

Schon als sie mit Joyce aus Irland davonlief, hatte Nora sich vorgestellt, daß es aufregend wäre, in Paris zu leben. Zwanzig Jahre lang, mehr als die Hälfte ihres gemeinsamen Lebens, war die französische Metropole dann ihr Zuhause.

Ihre Behausungen freilich wechselten sie so oft, daß von ruhigem Familienleben nicht die Rede sein konnte. Möblierte Zimmer, mietfrei überlassene Wohnungen, Hotels, Pensionen, hin und wieder eine für ein paar Jahre selbst gemietete und eingerichtete Wohnung, zwischendurch längere Reisen – in diesem Karussell hatte Joyce Halt durch seine Arbeit. Er schrieb *Ulysses* zu Ende und wußte, daß der Roman, der teilweise bereits in einer amerikanischen Zeitschrift erschienen und als obszön verunglimpft worden war, nur geringe Aussicht auf Veröffentlichung hatte. Aber für Joyce endete jedes Fiasko in einer Rettung. Wieder wurde ihm unerwartete Hilfe zuteil. In Paris stand Joyce bald im Mittelpunkt des internationalen Künstlerkreises, er war berühmt, fast eine Gottheit, und die amerikanische Buchhändlerin Sylvia Beach sah die Chance ihres Lebens darin, das anrüchige und international bereits viel diskutierte Buch herauszubringen. Die Veröffentlichung von *Ulysses* machte auch »Shakespeare & Co«, Sylvia Beachs Buchhandlung am Seineufer, unsterblich.

Sylvia Beach und Harriet Shaw Weaver, die beiden Frauen, die sich das Wohlergehen eines Genies zur Lebensaufgabe gemacht hatten, wußten, daß Joyce von niemandem so sehr abhängig war wie von Nora, und sie ahnten, wie belastet Nora durch Joyces Augenleiden, seine Unruhe und seine Trinkereien war. Tatsächlich drohte Nora mehrmals, Joyce zu verlassen, und 1922 reiste sie mit dem siebzehnjährigen Giorgio und der fünfzehnjährigen Lucia noch einmal nach Irland. Sie wollte längere Zeit dort bleiben. Aber durch die Tumulte des irischen Bürgerkrieges verschreckt, kehrte sie bald nach Paris zurück. Joyce hätte es auch keinen Moment länger ausgehalten ohne sie. »Offenbar ist es unmöglich, Dir die Verzweiflung zu beschreiben, in der ich mich befinde, seit Du fort bist«, schrieb er ihr, und »Gestern hatte ich im Laden von Miss Beach einen Ohnmachtsanfall, und sie mußte rasch einen Arzt holen. Ich trage Dein Bild immer in meinem Herzen. Wie freut es mich zu hören, daß Du jünger aussiehst! O meine Liebste, wenn Du Dich doch jetzt zu mir kehren und das schreckliche Buch lesen wolltest, das mir das Herz in der Brust jetzt gebrochen hat, und mich zu Dir nähmest, allein, um mit mir zu machen, was Du willst.«

Daß Nora Joyces Bücher nicht las und keinen sichtbaren Anteil an seiner Arbeit nahm, war für die meisten ihrer Bekannten unverständlich oder einfach ein Indiz für Noras bedauerliche Schlichtheit. Nur wenige erkannten, daß Nora den Dichter auf ihre eigene, ganz unersetzbare Weise förderte und managte, auch wenn sie das öffentliche Management völlig denen überließ, die sich darauf verstanden. Ihre Distanz zu Joyces Arbeit machte sie immun gegen das Musenschicksal des Verbraucht- und Verworfenwerdens, wie es zum Beispiel Brechts Frauen erlebt hatten, und beließ Nora in der Kraft ihrer eigenen Welt. Sie wußte, daß viele der Pariser Intellektuellen sie belächelten, sie wußte aber auch, daß Joyce sie für seine Arbeit brauchte, und war deshalb, wie Bertha, Noras *alter ego* in Joyces Theaterstück *Verbannte*, stolz auf sich. Als zu Joyces vierzigstem Geburtstag die ersten Exemplare des *Ulysses* vorlagen und er dazu beglückwünscht wurde, fragte Nora, »Und was bekomme ich dafür?« Sie hatte nicht nur der Figur der Molly Bloom Patin gestanden, sie hatte auch dafür gesorgt, daß Joyce psychisch und physisch in der Lage war, das Buch überhaupt zu schreiben.

Keiner hatte so hautnah erlebt, welche Qual dieser Schöpfungsakt gewesen war, wie sie. Deshalb war Nora erschrokken, als Joyce ein knappes Jahr nach Beendigung des *Ulysses* wieder ein neues und noch komplizierteres Werk in Angriff nahm. Sie fürchtete für seine Gesundheit, machte sich wegen der Kinder Sorgen und war selbst in schlechter körperlicher Verfassung. Als nach Krebsverdacht eine Hysterektomie bei ihr vorgenommen wurde, ließ Joyce sich im Krankenhaus neben dem ihren ein Zimmer herrichten, lag dort im Bett, schrieb, empfing Besuche und galt als der eigentliche Patient. Wo immer gepflegt und umsorgt wurde, wollte er der Bedürftigste sein. Auch Noras mütterliche Fürsorge beanspruchte er in erster Linie für sich, erst wenn er zufriedengestellt war, konnte Nora sich um die Kinder kümmern. Was Joyce für sich und seine Arbeit brauchte, die richtige Umgebung, die Freunde, den Lebensrhythmus, dem mußte der Rest der Familie sich anpassen. Für die Kinder brachte das größere Probleme als für Nora. Ständig verpflanzt, ständig mit neuen Ländern, neuen Sprachen, fremden Menschen und fremden Schulen konfrontiert, entwickelten Giorgio und Lucia keine Stabilität und kein Selbstvertrauen. Giorgio, ein gutaussehender, gefälliger junger Mann mit einer hervorragenden Stimme, wäre gerne Sänger geworden, hatte aber weder die Nervenkraft noch den nötigen Fleiß dazu. Dafür hatte er die Begabung zu charmieren. Wie sein Vater die Gönnerinnen in seinen Bann zog, so zog Giorgio Liebhaberinnen an. Als er zwanzig war, beschloß die einunddreißigjährige Amerikanerin Helen Fleischman, Ehefrau des Verlagsagenten Leon Fleischman und Tochter eines steinreichen Fabrikanten, sich mit dem Sohn des weltberühmten Schriftstellers James Joyce zu liieren. Nora war entsetzt darüber, Joyce nicht. Er sah in der Verbindung eine Chance, *Ulysses* auf den amerikanischen Markt zu bringen, und hatte sich nicht verrechnet. Helen ließ sich von Leon Fleischman scheiden und heiratete Giorgio Joyce. Als sie schwanger wurde, bestand sie darauf, daß Joyce und Nora ihre Verbindung legalisierten, die Schwiegertochter wollte ordentliche Familienverhältnisse für ihr Kind. Durch Helens Drängen ging Noras heimlicher und immer unterdrückter Wunsch im Juli 1931 endlich in Erfüllung: Sie und Jim wurden nach siebenundzwanzig Jahren des Zusammenlebens vor einem englischen Standesamt getraut. Joyces Wunsch ging ebenfalls in Erfüllung. Durch Vermittlung von Helens einflußreicher Familie erschien *Ulysses* bei Random House in New York, und Helen gebar den hoch erwünschten Enkelsohn Stephen.

Giorgios Glück (es dauerte nicht sehr lange, die Ehe scheiterte bald) wirkte sich auf Lucia katastrophal aus. Kurz nach der Geburt von Giorgios Sohn erlitt sie einen Tobsuchtsanfall und bedrohte ihre Mutter. Lucia war von klein an ein schwieriges Kind gewesen, intelligent, aber labil, von ihrem Vater sehr geliebt, aber auch unter Druck gesetzt, sich seiner Liebe und seiner hohen Meinung von ihrem künstlerischen Talent würdig zu erweisen. Sie hatte eine besondere Begabung für modernen Tanz, ließ sich darin ausbilden, hatte auch mehrere öffentliche Auftritte, aber auch ihr mangelte es an Durchsetzungskraft, um sich in einem künstlerischen Beruf zu behaupten. Als sie älter wurde, entwickelte sie nymphomanische Züge. Einer der Männer, in die sie sich verliebte, war der junge Samuel Beckett, der Joyce bewunderte und Sekretärsarbeiten für ihn verrichtete. Lucia hatte seine Aufmerksamkeit und Freundlichkeit ihr gegenüber falsch gedeutet, und als Beckett ihr schließlich sagte, er komme nicht ihret-, sondern ihres Vaters wegen zu ihnen nach Hause, erlitt Lucia einen Nervenzusammenbruch. Joyce, immer bereit, seine geliebte Tochter in Schutz zu nehmen, brach seine Beziehungen zu Beckett daraufhin für lange Zeit ab. Er weigerte sich, die Ursachen des Problems bei seiner Tochter zu sehen, wie er sich auch weigerte, Lucias fortschreitenden Nervenzustand als das zu begreifen, was es war: Schizophrenie.

Im Mai 1932, ein knappes Jahr nach ihrer offiziellen Vermählung, drohte Nora ein letztes Mal, Joyce zu verlassen. Lucias Krankheit, die er ignorierte, das Nomadenleben von einer Wohnung zur anderen, seine anhaltende Trinkerei und seine fanatische Verehrung des irischen Opernsängers John Sullivan, den Joyce für das größte Gesangsgenie aller Zeiten hielt und den er hofierte wie einen König, alles zusammen war für Nora so unerträglich geworden, daß sie sich auf und davon machen und in England leben wollte. Joyce flehte sie an zu bleiben. Er brauche sie, sagte er, er werde eine bessere Wohnung mieten oder mit ihr auf Reisen gehen oder tun, was sie wolle. »Ich wünschte mir, Du würdest Dich ertränken«, hörte der zu Joyces Beistand herbeigerufene Stuart Gilbert die aufgebrachte Nora sagen. Paul Léon und dem Ehepaar Jolas gegenüber äußerte sie: »Ich wünschte, ich hätte niemals jemanden namens James Joyce kennengelernt.« Mit diesen verbalen Ausbrüchen war ihre Rebellion dann auch bereits beendet.

Aber ihr Leben mit Joyce blieb weiter eine Zerreißprobe. Ohne ihren trockenen Humor, ihre Gelassenheit und ihre Bereitschaft, die Dinge zu nehmen wie sie kamen, hätte Nora nicht bestehen können. Was ihr dabei auch zu Hilfe kam, war ihre Fähigkeit, Probleme und Enttäuschungen durch Aktivitäten zu kompensieren, die ihr Freude machten. Nach wie vor liebte sie es, einkaufen zu gehen und nach modischen Kleidern für die ganze Familie Ausschau zu halten. Sie ging, trotz Sullivan-Überdruß, immer noch gern mit Joyce zu Opern, und sie gab gern Gesellschaften, wie sie es immer getan hatten, auch wenn Joyce mit den Jahren stiller wurde, seine Gesänge und bizarren Tanzauftritte seltener, dafür seine Gier nach Wörtern immer größer.

Nachdem alle Freunde, Gönnerinnen und auch C.G. Jung höchstpersönlich sich um Lucias Zustand gekümmert hatten und gescheitert waren, wurde sie 1935 im Alter von achtundzwanzig Jahren in eine Heilanstalt gebracht. Nora sah ihre Tochter nur noch ein- oder zweimal. Joyce, auf den Lucia weniger aggressiv reagierte als auf ihre Mutter, besuchte sie wöchentlich. Daneben arbeitete er mit höchster Intensität und Anspannung an seinem Opus Magnum, das als *Work in Progress* in der literarischen Welt schon als Sensation galt, bevor die ersten Teile des Manuskripts im Druck erschienen. Außer Nora kannte niemand den richtigen Titel des Werkes, *Finnegans Wake*; siebzehn Jahre lang hütete sie das ihr anvertraute Geheimnis. Dieses Buch, auch wenn sie es als »Ragout« bezeichnete und wünschte, Joyce würde Lesbareres schreiben, gefiel ihr dennoch besser als *Ulysses*. Wenn Joyce ihr daraus vorlas, lobte sie den Klang der Sprache. Wie ein Singsang schien ihr das Buch und damit Joyces eigentlicher Begabung näher als alles andere, was er geschrieben hatte. Er hätte Sänger werden sollen, hatte sie oft gesagt, statt sich mit dem Schreiben herumzuquälen.

Alle Welt hielt ihren Jim für ein Genie. Sie konnte nicht beurteilen, ob er das war oder nicht. Für sie war er der Mensch, den sie liebte, der sie brauchte, mit dem sie ihr Leben teilte. Als außergewöhnlich empfand auch sie ihn, doch nicht weil er die Literatur neu erfand, sondern weil er als Mensch einzigartig war. »Keiner ist so wie er«, sagte sie einmal zu der Kunsthistorikerin Carola Gideon-Welcker.

Ende 1938 schrieb Joyce den Schluß von *Finnegans Wake*. Wie den *Ulysses*, so ließ er auch dieses Buch mit einer Frauenstimme enden. Es ist die Stimme und sind die Gedanken von Anna Livia Plurabelle, eine weibliche Figur, die wie Bertha in *Verbannte*, wie Gretta Conroy in *Die Toten,* wie Molly in *Ulysses* Züge von Nora trägt. »Ich tat mein bestes als man mich ließ. Und dachte immer geh ich geht alles. Ein hundert sorgen, ein zehnt an kummer und gibt es einen der mich versteht? Einen unter tausend von jahren der nächste? All mein leben wurd ich unter ihnen gelebt doch jetzt werden sie mir zuwider. Und mich widern ihre kleinen warmen kniffe. Und ihre gemeinen gemütlichen drehs. Und all die gierigen güsse hinaus durch ihre geringen seelchen. Und all die trägen röcke hinab über ihre spröden leiber. Wie klein ists alles! Und immer macht ich mir was vor. Und allzeit trällernd immer weiter....« Mollys Monolog im *Ulysses* endete in der großen Bejahung, Anna Livia Plurabelles in der Selbstauflösung und dem Loslassen der Welt. Joyces Kunstfiguren waren größer und vieldeutiger als Nora, aber Nora war ihnen voraus, wie das Leben der Kunst voraus ist.

Die Erschöpfung, das Loslassen, das Joyce in *Finnegans Wake* artikuliert, erlebte er selber. Nachdem das Werk vollendet ist, schreibt er nichts mehr. Von der unendlichen Konzentration seiner Sprach-Arbeit, von seinen Augenleiden und von der Sorge um seine schizophrene Tochter ist er müde und weit über seine Jahre hinaus gealtert.

Den politischen Ereignissen und den Entwicklungen in Europa gegenüber blieb er gleichgültig. In den späten dreißiger Jahren konnte jedoch keiner mehr, und wenn er noch so absorbiert vom eigenen Leben und Wirken war, den Zustand der Welt ignorieren. Nach Kriegsausbruch harrten Joyce und Nora, solange es ging, in Paris aus, um in Lucias Nähe zu sein. Dann zogen sie für ein Jahr in ein Dorf in der Auvergne. Im Dezember 1940 verließen sie Frankreich und nahmen wieder, wie schon während des Ersten Weltkrieges, in Zürich Zuflucht. Einen Monat nach ihrer Ankunft dort, am 13. Januar 1941, starb James Joyce an einem Magengeschwür.

Als der Sarg in die Erde gelassen wurde, streckte Nora die Arme aus, als wolle sie ihn halten. Durch eine kleine Glasöffnung im Sargdeckel konnte sie das Antlitz des Toten noch einmal sehen. »Jim, wie schön Du bist«, flüsterte sie. Nora weinte nicht und brach nicht zusammen, sie hatte sich noch um die Lebenden zu kümmern.

# *Zum Weiterlesen*

*Jonathan Swift (1667-1745) und*
*Esther Vanhomrigh (1688-1723)*

Swift, Jonathan, Betrachtungen über einen Besenstiel. Eine Auswahl zum 250. Todestag. Mit einem Vorwort von Martin Walser hrsg. von Norbert Kohl. Insel Verlag Frankfurt am Main, 1995.

Swift, Jonathan, Gullivers Reisen. Neu übersetzt, kommentiert und mit einem Nachwort versehen von Hermann J. Real und Heinz J. Vienken. Reclam Verlag Stuttgart, 1987.

Swift, Jonathan, The Complete Poems. Hrsg. von Pat Rogers. London, 1983.

Swift, Jonathan, Journal to Stella. London, 1844.

Swift, Jonathan, Stella's Birthday Poems. Hrsg. von Sybil Le Brocquy. Dublin, 1968.

Le Brocquy, Sybil, Cadenus. A Reassessment in the Light of New Evidence of the Relationship Between Swift, Stella and Vanessa. Dublin, 1962.

Ehrenpreis, Irvin, Swift, the Man, his Works and his Age. Vol I: Mr. Swift and his Contemporaries. Cambridge (Mass.), 1962. Vol II: Dr. Swift. London, 1967. Vol III: Dean Swift. London, 1983.

Freeman, A. Martin (Hrsg.), Vanessa and Her Correspondence with Jonathan Swift. London, 1921.

Johnston, Denis, In Search of Swift. Dublin, 1959.

Middleton Murry, John, Jonathan Swift. A Critical Biography. New York, 1954.

Stephen, Sir Leslie, Swift. London, 1882.

*Robert Emmet (1778-1803) und*
*Sarah Curran (1782-1807)*

Finegan, John, Anne Devlin, Patriot and Heroine. Dublin, 1968, 1992.

MacLeod, Catriona, Emmet. Dublin, 1935.

Madden, Richard R., The Life and Times of Robert Emmet, Esq. Dublin, 1846.
Postgate, Raymond W., Robert Emmet. London, 1931.

### *Charles Stewart Parnell (1846-1891) und Katharine O'Shea (1845-1921)*

Callanan, Frank, The Parnell Split 1890-1891. Cork, 1992.
Harrison, Henry, Parnell Vindicated. The Lifting of the Veil. London, 1931.
Kee, Robert, The Laurel and the Ivy. The Story of Charles Stewart Parnell and Irish Nationalism. London, 1993.
Lyons, F. S., The Fall of Parnell 1890-91. London, 1960.
Marlow, Joyce, The Uncrowned Queen of Ireland. The Life of ›Kitty‹ O'Shea. London, 1975.
O'Shea, Katharine, Charles Stewart Parnell. His Love Story and Political Life, 2 Bde. London, 1914.

### *William Butler Yeats (1865-1939) und Maud Gonne (1866-1953)*

Yeats, William Butler, Werke I-VI. Hrsg. von Werner Vordtriede. Luchterhand Verlag Neuwied und Darmstadt, 1970.
Yeats, William Butler, Autobiographie. Luchterhand Literaturverlag Frankfurt am Main, 1991.
Yeats, William Butler, Memoirs. Autobiography – First Draft –, Journal. Hrsg. von Denis Donoghue. London, 1972.
Gonne-MacBride, Maud, A Servant of the Queen, Reminiscences (1938). Neu herausgegeben von A. Norman Jeffares und Anna MacBride White. Colin Smythe, Gerrads Cross, 1994.
MacBride White, Anna und Jeffares, A. Norman (Hrsg.), Always Your Friend. The Gonne-Yeats Letters 1893-1938. London, 1992.
Cardozo, Nancy, Maud Gonne. Lucky Eyes and a High Heart. New Amsterdam Books, 1990.
Ellmann, Richard, Yeats. The Man and the Masks. London, 1949.
Ward, Margret, Maud Gonne. A Life. London, 1990.

*Oscar Wilde (1854-1900) und*
*Lord Alfred Douglas (1870-1945)*

Wilde, Oscar, Sämliche Werke. Hrsg. von Norbert Kohl. Insel Verlag Frankfurt am Main, 1982.

Douglas, Lord Alfred, Oscar Wilde and Myself. London, 1914.

Douglas, Lord Alfred, Autobiography. London, 1929.

Harris, Frank, Oscar Wilde: His Life and Confessions. New York, 1930.

Ellmann, Richard, Oscar Wilde. Piper Verlag München, 1991.

Coakley, Davis, Oscar Wilde. The Importance of Being Irish. Dublin, 1994.

*James Joyce (1882-1941) und*
*Nora Barnacle (1884-1951)*

Joyce, James, Briefe an Nora. Hrsg. von Fritz Senn. Insel Verlag Frankfurt am Main, 1992.

Joyce, James, Stephen der Held und Ein Portrait des Künstlers als junger Mann. Übertragen von Klaus Reichert. Insel Verlag Frankfurt am Main, 1969.

Joyce, James, Dubliner. Übertragen von Dieter E. Zimmer. Suhrkamp Verlag Frankfurt am Main, 1969.

Joyce, James, Ulysses. Übertragen von Hans Wollschläger. Suhrkamp Verlag Frankfurt am Main, 1981.

Joyce, James, Anna Livia Plurabelle. Suhrkamp Verlag Frankfurt am Main, 1988.

Joyce, Stanislaus, Meines Bruders Hüter. Suhrkamp Verlag Frankfurt am Main, 1960.

Ellmann, Richard, James Joyce. Rev. und ergänzte Ausgabe. Suhrkamp Verlag Frankfurt am Main, 1994.

Maddox, Brenda, Nora. Das Leben der Nora Joyce. Kiepenheuer & Witsch Verlag Köln, 1990.

# *Zu dieser Ausgabe*

insel taschenbuch 1712: Gudrun Boch, »Wo immer Du bist wird mir Irland sein«. Die vorliegenden Porträts werden hier erstmals veröffentlicht. *Etwas, das uns treibt. Jonathan Swift und Esther Vanhomrigh* erschien unter dem Titel *Einmal in der Woche ist Kaffee nötig* in einer kürzeren Fassung im *Frankfurter Allgemeine Magazin* am 24. Juni 1994. Die Liebesgeschichte Parnells und Kitty O'Sheas wurde ebenfalls im *Frankfurter Allgemeine Magazin* veröffentlicht, unter dem Titel *Skandal für das Volk* am 25. August 1995.

Umschlagabbildung sowie die Fotografien auf den Seiten 134 und 137: Rare Books Collection, University Libraries, State University of New York at Buffalo.